鄭擎亞著

漂泊人生記事

附鄭氏譜牒

文史哲出版社印行

國家圖書館出版品預行編目資料

漂泊人生記事：附鄭氏譜牒/ 鄭擎亞著.--初版 --臺北市：文史哲, 民 100.08
頁: 公分. --（將軍傳記系列; 6）
ISBN 978-957-549-979-2（平裝）

1. 鄭擎亞 2.臺灣傳記

783.3886 100016862

將軍傳記系列 6

漂泊人生記事

附：鄭氏譜牒

著者：鄭擎亞
出版者：文史哲出版社
http:// www.lapen.com.tw
e-mail：lapen@ms74.hinet.net
登記證字號：行政院新聞局版臺業字五三三七號
發行人：彭正雄
發行所：文史哲出版社
印刷者：文史哲出版社
臺北市羅斯福路一段七十二巷四號
郵政劃撥帳號：一六一八〇一七五
電話886-2-23511028 · 傳真886-2-23965656

定價新臺幣三二〇元

中華民國一百年（2011）八月初版
中華民國一百年（2011）十一月 BOD 修訂再版

ISBN 978-957-549-979-2 78406

序言

讀畢龍應台女士名著「大江大海一九四九」，回憶次年、春寒料峭，共軍進抵河南省西平縣城，巧遇從軍洛陽、戰敗被俘同學陳萬慶說：「我當兵後悔莫及，幾危生命，你速去南方讀書。」余始離家南渡長江，開始漫長漂泊人生，而爲國家盡忠。

余生於戰亂頻仍，民生凋敝的貧苦農家，幼承祖訓，曾當學徒賣酒，惟喜讀史書，十八歲輟學，流亡江左，遊黃鶴樓，慕劉關張義勇，學校斷炊，讀書難成，至江西南城從戎，日夜兼行、越五嶺山脈，艱苦倍嘗、鞋破腿腫，高燒嚴重，幸遇貴人、護我清醒，渡台海登陸基隆，中秋次夜，月明如晝，思母淚灑山岡，黎明抵新埔怒潮學校，受訓期一年，金門水頭畢業，分發陸軍二百師任排長、越年以同等學力考取陸軍官校廿四期步科，後續讀石牌科訓班二期，參謀大學戰研班，歷任軍職四十載，忠貞勤勉，獲頒勳獎章二十餘座及特保最優，歷任營、旅、副師長等職，民國七十三年（一九八四）晉任陸軍少將，民國七十八年（一九九九）九月一日，在國防部聯三處長任內，限齡退休，受聘八仙樂園董事長特別助理十年，回我自由、松柏長青。

民國五十年（一九六一）秋，與台南市名媛許瑞娟相愛終生不渝，長女玉雪為藥師、子中一為兒專科醫師，孫輩男女各二在學中，家庭和樂、生活無虞。民國八十年清明，祭祖故里，歡宴親友，立碑紀念父金亭公、母蘇氏文，而彰孝思。設助學金培植諸侄有成，修築兄弟樓房及五個村村道，樂善為鄰、奔向小康、立碑紀勝，與有榮焉。

余長於協調、集中集體智慧、實施計畫作為、三進國防大本營參與軍事戰略轉型，完成劣勢狀況下建軍備戰構想，含中科院科技發展基本計畫，以達自立國防。固安防衛計畫修正，以期能自力防衛台灣。漢陽實兵演習、發揮精神戰力，以寡擊眾。繼而陸軍戰力地下化，計誘知敵犯台計謀、而開闢雪山隧道公路以肆應。釐訂火熾海峽及到得快打得猛程咬金絕望中決戰戰法、以嚇阻敵人海襲台、迄今不敢越雷池一步、而創兩岸和平互惠雙贏時空、致中華民族邁向富強大道、但願子孫永享和平幸福生活於永遠、吾殊堪慰也，是為序。

機緣——漂泊人生記事

附鄭氏譜牒

目次

漂泊人生記事

勉

中華民族重家譜，血統姓氏要清楚。
精誠團結策發展，壯大族群謀幸福。
鄭氏血統源黃帝，建國華縣在春秋。
滎陽世家重孝道，樂善家風要永守。

慈母蘇氏文

西元一九〇九—一九八〇年

漂泊人生感懷

2008 年清明

亂世蓬萊展鴻圖，
征鞍未敢憶蓴艫，
金馬寒夜傳宵拆，
樞府三度策奇謀。
柏城萬里悲板蕩，
一甲子年如須臾；
老來夢醒妻賢問，
鍋內黃粱熟也無。

註：

一、晉張翰 — 懷鄉思歸云：何羈官千里要名爵乎，命駕歸。而食蓴羹艫魚膾。
二、金馬：金門馬祖各戍守二次。
三、樞府：介壽館國防部大本營。
四、柏城：河南省西平縣古柏國。

忠孝與如意，作者與慈母兄弟玉照

作者：鄭擎亞將軍 河南西平人

結婚 35 週年紀念 1996 年 10 月 8 日新店

慈母、振國振山中原合影
西元一九七五年

與老師楊國瑞合影
西元一九四九年

1992 年在開封楊家湖三兄弟旅遊合影

1970 年全家合影於台南市

13 圖像

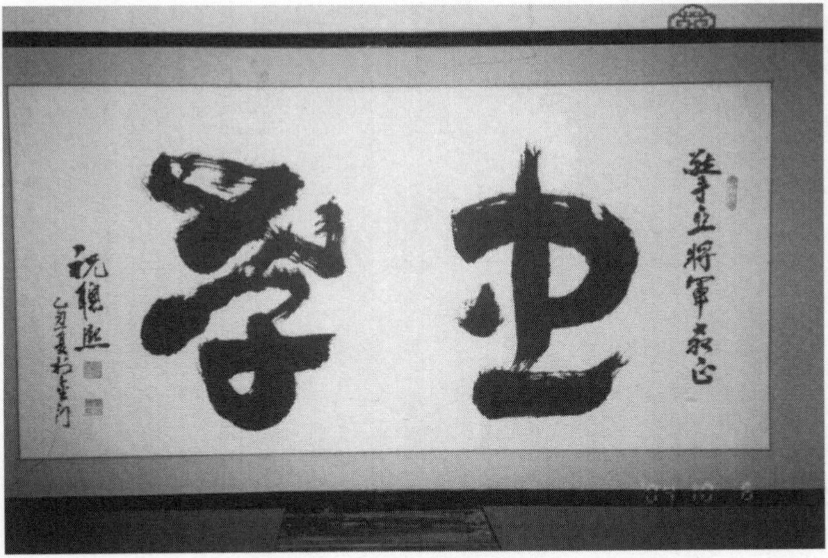

宋—文天祥
上事於君
下交於友
内外一誠
終能長久
敬父如天
敬母如地
汝之子孫
亦復如斯

祝聰熙為省主席主任秘書
乙丑年於金門

如意歌：

如意如意
人意我意
我有我意
難如人意
人有人意
難如我意
全憑天意
合得天意
萬事如意

齊德俊教授遼寧日本帝大卒業

壹、漂泊人生記事

人生中有很多機緣，每一個機緣都是生命途程中嶄新的起點，甚或影響一段生命的起落，當你驀然回顧時，常讓人感到無限的溫馨，感恩之心油然而生，在個人漂泊的一生中，幸遇到的機緣和感恩的心動簡述於後：

一、啓蒙讀書：

我民國二十一年（一九三二）八月廿二日出生在河南省西平縣東南二十五華里，重渠橋南鄭庄農民家中，祖父泰公，字明倫，祖母賈氏皆早故，父親金亭公字瑞和，慈母蘇氏文，皆粗識文字，但都有一個善良、望子成龍的心，六歲啓蒙讀書，那時抗日戰爭剛爆發，小學一至四年級是讀鄰村黃井國民小學校，老師是朱鳴岐，他是由私塾老師轉教小學的，教學非常熱心認真，他說：我教小小貓，跳跳跳沒啥意思，太簡單了，而選讀論語、孟子和抗日文章，塡鴨式的法子背誦，而奠定了些文化基礎。五、六年級讀清涼寺中心國校，老師是楊國瑞先生，家住楊新庄，河南省黨部新聞專科畢業，選讀古文觀止上的陋室銘、桃花源記、五柳先生傳、馮諼客孟嘗、祭鱷魚文及應時抗日文章，講課深入淺出、生動活潑、述古鑑今，更啓迪了讀書、作文興趣和愛國精神，他的文章時登報刊，抗日勝利後，曾出任新西平報社社長兼總編輯，日本佔據西平縣一年半中，我在南大街大豐泉酒棧當學徒，勝利後的某一天，在酒店門前碰見他對我說：「你人聰明又用功，不讀書學生意太可惜，我給你父親說說，去讀中學好嗎？」我毫不思索的就答允了，他並到店中和掌櫃薛子貞說情，並爲我報名應試，我沒有使他失望，西平縣的三個縣立初中、職校、簡師等校，都考在前五名內，因抗日戰爭農村非常窮困，爲省學費，我選讀了縣立簡易師範，縣內曾任國稅局長的王豐慶先生，就是我同棹的學長，每回鄉探親，談起楊老師的恩惠油然而生，不是他的助學，我那能繼續求學，來到台灣，公元二〇〇二年回鄉探親，約會他在北京門頭溝的長子楊盤根，他說：「楊老師在楊新庄是老好人，未遭鬥爭，並安享晚年」，且子孫滿堂，家庭幸福美滿。

二、流亡江南：

民國三十八年（一九四九）二月，學校剛開學，中原戰火燃燒到西平縣城，中央軍敗退駐馬店，早晨我在東大街戲院前擺香煙攤營生，正吃早餐開水泡油條時，見一位穿土黃色軍服，戴紅星帽的少年軍人，牽匹棗紅駿馬，由西向東而來，似曾相識，他走到我的攤位前停下來說：「你是鄭振華同學嗎？我是陳萬慶呀！」，我回答說：「你不是去當青年軍嗎？是幾時回來的？」他說：「昨晚剛到，還沒有回家，我家好嗎？」我告訴他春節還到他家給伯父（陳廣）拜年，伯父正掛念著你。因爲他是我重渠橋清涼寺中心國校五、六年級的同班同學，我每天由鄭庄上學都經過重渠南街路東他家門口，常常相伴而行，感情很好，他的家境比較富有。他接著說：「我當了兵，幾危生命，沒法子再讀書，你快點到南方讀書吧！讀書很重要，又說：記著我講的話」後向東而去，我收了香煙攤，到城內找同學商量南行的事，然後回老家稟別父母雙親，決心去南方，一年畢業回鄉教書，陰曆正月廿八日，和方庄的陳效坤譚店的譚孝先、栗玉柯（栗陶初子）等數位同學南下，因平漢線西平站至駐馬店間火車已不通，由公路走怕碰到游擊隊、土匪劫路，大家商量走鐵路，下午五時到達駐馬店車站，人山人海，貨車箱內已上滿了軍隊，車頂也坐滿了百姓，我去買了繩索，拴起來爬到車頂，拴好火車就開了，火車搖擺非常危險，沿途數次遭到機槍掃射，隔車廂的人腿部中彈流血不止，一個士兵爬上車頂爲老百姓包紮，火車一夜一天開行，次日傍晚時到達漢口，車站擠滿流亡學生，在車站睡地上一夜，很早起來，大家在漢口大街上玩了一天，大學長拿捐款簿沿街商舖捐款，中午買了饅頭在街上分食，老百姓抬來開水，雖然沒菜吃，但都吃得很飽，並多分了兩個留著餓時吃，下午四時到河南省立鎭平工業學校辦事處報到住了一宿，第二天清晨乘輪渡過長江，是這一生第一次坐船，感到新奇，上午到黃鶴樓遊玩，登上歷史名樓，慕劉關張結義典範，觀長江的浩瀚奔流，增長了見識和大丈夫的氣魄，下午再乘火車到蒲圻洋樓洞磚茶廠，河南省立鎭平工業學校報到讀書，校長是西平縣籍的陳泮嶺先生，對學生很照顧，生活艱苦，伙食有飯無菜，我以罐頭盒裝野菜放點鹽，加點米漿，煲熟食之。睡在茶廠稻草舖地，上蓋夾被和衣服，南方天暖也不爲苦，仍創作新詩爲樂，開課月餘，報導西平縣城被中央飛機炸平，漢口也聞到炮聲，省主席張軫投共，學校即將斷糧，讀書難成，回家無望，口袋只剩一元大洋，天無絕人之路，西平縣女中校長趙漢章先生（北京鐵道學院畢業），投効陸軍第十二兵團司令官胡璉將軍麾下，西、遂平縣同學共一二一人同行進入怒潮學校入伍當學兵，四月下旬，由趙李橋上火車經長沙轉浙贛路至南昌下車，徒步經豐城至南城入伍，穿草鞋，肩背包和步槍、子彈帶等，日夜行軍，經瑞金、會昌、翻越五嶺山脈筠門嶺，堅苦倍嘗到梅縣、潮州、由汕頭港乘招商局海辰輪來台，在新竹新埔受訓一年，認真操練和讀書，學問和作人皆有增進，奠定了上進基礎。今日回想起來，令人心中迴盪不已，感謝陳萬慶同學提醒「讀書很重要」，在流亡絕境中趙老師大力推薦當學兵，賜予讀書學習機會，那能有以後的美好前程和快樂生活，回鄉探知陳萬慶同學已在雲南落籍，爲國家中級幹部，趙老師來台任教職，其妻需錢治病，同學會樂捐濟助，民國八十一年（一九九二）十一月十二日病逝台中榮總，安葬在台中大肚山花園公墓，其子趙凱業醫師送終，我曾親往悼祭，悲悽泣拜謝恩。

三、陸軍官校求學：

民國三十九年（一九五〇）秋，怒潮學校畢業，分發金門陸軍二百師五九九團二營任排長（駐西園），營長是河南省籍的焦鴻福，對我愛護有加，擔任六〇砲排的集中訓練，作戰時集中機動支援作戰，操練數月有成果之時，師調我到金門沙美幹訓班任教育班長，次年春，黃埔軍校在台灣鳳山復校，招考二十四期新生，我並未報名，一天上午，全中隊在村廣場操練班隊形變換，我班擔任示範，精神飽滿，動作整齊，班長口令宏亮，指揮位置適當，隊長李森少校（官校十八期）講評，除口頭嘉許外，並問我說：「鄭班長，黃埔軍校招生，你報名了嗎？」我回答：「沒有」，講評完畢，他立即到師部為我補報了名，並召見勉勵我好好準備考試，經過師、軍、金防部、陸軍官校等四次考試，幸運的錄取，得能進入軍官學校受訓，最關鍵的是第四次官校甄試，因為我是同等學力報考，自己非常惶恐，我口袋中只有三十元新台幣，請假到鳳山書局以二十七元買了高中、大學升學指導各一本，用報紙包起來，白天到山邊樹下、夜晚在路燈下，偷偷的、努力的準備，約三個月，不懂的到陸官校普通科學組向老師請教，老師認為汝子可教，細心的解說，加以悟性高、專心一意，進步神速，乃能以八百五十七名幸運正取（共一〇〇一名），在二年半的嚴格教育中，吃了不少苦，但心情是非常快樂的學習，奠定爾後事業基礎，今日回憶起來，李隊長的及時提拔，和自我掌握機緣，奮力一搏，發揮潛力，陸官校普通學組，有教無類的熱心教學，幸甚焉！遇到貴人相助。

四、良緣天成：

民國四十八年（一九五九），我在台南三分子營房任步兵第二十四團二營六連連長，因連上楊榮山班長住台南養和醫院五天出院，院長不收住院及治療費，為了感謝他的敬軍善行，到西門路金瑞成銀樓買銀牌，認識店主的長女許瑞娟小姐，交往近年，情投意合，此時我得師參謀長李明上校識拔考取了台北石牌實踐學社（革命實踐研究院）科訓班受訓，她到台北古亭探視外祖母，約定星期日十時在板橋火車站見面，我準時到達，等到十二點，仍不見她的蹤影，而到附近電影院看電影，看了約二十分鐘，心神不寧，跑步到火車站，看到她正要搭火車回台北，這時火車由南而北進站，如果我晚三分鐘來，她就搭火車走了。就是那次的約會，兩人到飯店吃火鍋，坐在日式的榻榻米上，約定三生姻緣，晚上到螢橋河邊飲茶，欣賞河中漁火點點，岸上茶座情侶雙雙對對，情儂意迷，深覺兩人是情緣天成，誓要白頭偕老，百年相隨，民國五十年（一九六一）十月八日，由師長馬武奎將軍福證，依規定請了六桌客（大華飯店），完成結婚典禮，在當時的台灣社會，富家千金嫁給外省籍的軍人，待遇少生活清苦，又要遠戍外島，時常不能照顧家小，但仍勇敢的嫁給我，今日思之，能不感激妻、岳父母嗎？兩老都已高齡去世，生時，爲二老買電器設備，修繕住房，逢年過節的省親，克盡孝道，去世時披痲帶孝，哀痛送終，較親子許衡山猶有過之，猶其吾妻放棄繼承權，令人欽佩。

五、服務中樞：

民國五十九年（一九七〇）冬，我由台東太平營房營長調鳳山五塊厝陸訓部人勤處任參謀官，時間較多，是個好的讀書環境，重新投入寫作，並參加軍中論文比賽和投稿小型報紙副刊，次年冬天有一天，實踐學社學長傅偉志由台北打電話給我說：「國防部作戰計畫作業室有個上校缺，你願意來試試嗎？如果有著作要帶來，並準備考試。請了假回到台南眷村家裏，並告知有關著作的事，妻說：「你在報紙上登的文章，我都收在餅乾盒子裏，算不算著作我不知道。」我找出來加以整理裝訂成冊，乘夜快車到總統府後博愛大樓地下室報到，辦了會客手續，跟隨傅學長經過三道憲兵查驗，到達國光作業室，由主任朱悟隅中將親自面試，他仔細詢問我當兵來台求學經過及家庭狀況，並看我面呈的著作資料說：「文章寫的不錯，先去人事室報到，補發命令給陸訓部，考試也免了。」我就這樣幸運進了國防作戰中樞，並佔了上校參謀官缺，那時要進國防部掌理攻勢作戰的國光作業室，不經考試是少有的，這個機緣傅學長曾推薦同班傅金鎰學長不成，而改推薦我來應試，誰知這麼順利成功，真的幸運之神降臨我頭上。傅鄭兩家數十年來成爲通家之好。

六、綜擬國防政策：

民國六十年（一九七一）冬，中華民國在聯國安理會席位被中華人民共和國所取代，國民革命軍的戰略規劃，由攻勢轉爲攻守一體，國光作業室總統令撰擬「國軍在劣勢狀況下建軍備戰構想之參謀研究」，其內容包括防衛台灣與乘勢反攻使用戰法、編裝、訓練、科技發表（中科院自立案）等，我有幸擔任綜合承辦人，但感自己學能不足、幸有處長林偉年上校指導，召集國軍精英將校開會研討、分辦綜合成案，日以繼夜，不眠不休，努力數月之久，完成任務之時，國光作業室裁減，我面臨退伍爲民的命運，我對妻說：「造化弄人，連晉任上校的機緣也將失掉」，那時仍住在台南市眷舍，妻的嫁妝及數年存款，合計約八萬元，合黃金二十餘台兩，因爲岳父家在西門路業銀樓生意，妻子也有買賣手飾的專長，而和岳父（許火炎）商量，在台南市邊緣菜市場開間小型銀樓營生，也得到岳家同意支援。回台北辦理退伍手續時，作戰次長汪敬煦中將召見，除撰擬參謀研究開會見面外，曾在中美復興二號演習時，受其個人指示，蒐集演習資料，撰擬向先總統簡報報告，追隨左右約十餘日，他曾詢問家庭狀況，來參謀本部工作心得和感想，我誠實的回答：「仍在學習參謀作業要領，深感自己學養均不足」，他說：「你是實踐學社畢業的？國家培養的優秀人才，你的基本學識不錯，且有發展潛力，退伍可惜了，安排你到作戰次長室工作好嗎？」我欣然同意，事後始知他的陸官校同學何為璽上校退伍，抵了他的缺，次年民國六十二年晉任上校，這更是我人生中一個關鍵機緣，因勇於負責研擬國軍建軍備戰重要政策文件，及中山科學研究院研究發展 IDF、天弓、天箭、雄蜂等尖端防衛武器的根源，這個機緣我終生感謝汪敬煦上將及引以為榮。汪上將民國一〇〇年九月十七日病逝台北，我曾參加悼祭謝恩。

七、防衛計畫：

民國六十六年（一九七七）春，中美斷交前，我在桃園大湳擔任九〇五步兵旅長（重要軍職陸總同鄉張振郁先生作業列名），才一年九個月，按重要軍職規定要兩年，不期國防部作戰次長宋心濂中將調閱到我在部內綜辦的參謀研究，而要其辦公室主任魏宗勇上校，來信徵求上調部任副處長職，因我曾在步訓部追隨其任訓練處長，老長官召喚服務，那有不去之理。到部報到後，處長段玉衡將軍告知，專責修正「固安作戰計畫」，情報顯示，美國卡特總統可能在外交上對我不利。我應及早準備自力防衛台灣，以肆應對我不利的世界局勢，以替美軍協防的「中美樂成聯盟」。接到如此艱鉅任務，腦中一片空白，不知如何著手，在石牌科訓班也只學到軍團戰術，對國家政戰兩略，我並未進戰爭學院修習，要我擔任如此重要的事，真是難倒了我，無法可想，只有打斷牙齒和血吞，隱向各級長官請給指示，加以記錄參考外，並日以繼夜的重溫習閱讀中外兵學名著，尋求靈感和理論基礎——克勞塞維茨「戰爭原理」、「福熙」、「約米尼戰事藝術論」、中國的「孫子、尉繚子……」、日本「大東亞戰爭」、石牌的「大軍統帥」等…最後參照克勞塞維茨的戰爭原理——攻勢防禦，就是以攻擊手段來達成防衛台灣的目的，並本「攻防一體」戰略規劃，發揮軍民總體戰力，「絕處求生」精神，待中共軍攻台挫敗時，乘勢反攻復國，特別強調精神戰力之發揮，以少勝多，以寡擊眾戰法。計劃之首，先確定情報判斷，但聯二執行官遲遲提不出作戰次長滿意的作業，而迫我一夜之間完成，使我信心大增，但仍花了十個月的時間完成作業，於中美斷交的次週，向總統經國先生提報，並核可頒佈實施，年來發揮智慧潛力，獲致具體成果。雖未獲簽報獎章，但國家在風雨飄搖中，個人心中也感到安慰和榮幸，尤其在作業中得識哈佛博士俞前部長大維資政，在防衛台灣戰略問題上指教說：「什麼是戰略，就是合理的思維，台灣在不沉的航空母艦位置，爲東南亞島嶼鏈鎖，美國霸權所需，絕對有防衛價值」。因之，他極力主張：「保持兩個陸戰師爲戰略預備隊，在中共攻台挫敗之際，發起攻勢作戰，乘勢反攻復國」。我曾多次擔任他呈交總統的「國家安全綱要」清稿，其思想高明、精密，令吾人欽佩和啓迪智慧，終生受用無窮。國防部利用美國協防一年時間，在圓山海軍總部秘密實施防衛高司推演，並於美軍協防終止之日，全軍實施實兵「漢陽演習」，三軍依發佈之中共一舉攻略台澎金馬狀況，實兵動員進入戰術位置，戰略預備隊決戰機動，反擊共軍對北部之大部隊登陸全程演練。精實、安全、績效卓著。處長車有富將軍呈報我因撰擬演習規定而獲頒「陸光獎章」、「特保最優」，奠定爾後晉任將軍的基礎條件，感謝諸長官先進識拔合作恩德，勞累至尿路結石，在病中作業，巨痛忍耐完成演習規定作業，國軍能按規定演習推展，增進防衛戰力。

八、晉任將軍：

自民國六十年（一九七一）冬起，先後兩次任職國防部大本營參謀，釐訂國軍最重要的建軍備戰政策和計畫，並獲陸軍獎章和特保最優，且曾任旅長重要軍職，合乎晉任將軍條件，然作戰副處長一任五年，上校久任十年，在業務推展中雖未懈怠，但心情頗爲落寂和厭煩，而蒙退伍之心意，而就教於三十年的老友中國電視公司工程部經理陳連信先生，他說：「好歹已幹了這麼多年，再忍耐一年吧！」有一天拜訪俞前部長時，表示得部長指教很多，尤其是「了解全局，把握重點」八字訣，就是退伍作老百姓，也能用於做事的準繩，接著他指示說：「你對國家的貢獻是肯定的，要沉穩待機，稍安勿躁」。是時作戰次長已由陳堅高中將接任（俞前部長曾告訴他說，我作事很努力虛心），到任不久即指示：「檢討修正防衛計劃，並實施參謀旅行」。爲時半年完成簡報，在他的力保下，至馬祖前線擔任步兵二六九師副師長，駐守北竿壁山，督導完成北竿野戰醫院地下化、水庫、亮島小艇補給靠泊碼頭和倉庫、戰地生活改善——抽水馬桶廁所等，先遣移防台灣楊梅高山頂，完成最佳師資產移交，依馬祖修得構建廁所經驗，花最少經費修好全師營房已不適棄置不用的衛生生活設施，及通信有無線電裝備調整晶體功率，而能與陸戰師對抗演習（長順），通信暢通，全師參演八五七輛各型車輛及人員全部安全回防，民國七十三年（一九八四），國防部長宋長志上將授階榮昇任陸軍少將，爲西平縣民國三十八年（一九四九）流亡江南一二一人惟一的一人，亦爲重渠鄭庄七百年中第一位將軍少將，今日思之，如果不是老友的建議忍耐一年，和俞前部長的提示，陳上將力保，那能有今日的美好成就，終生銘感五內，加倍努力報効國家。

九、重回中樞：

民國七十三年（一九八四）秋，金防部司令官宋心濂上將徵調去金門任太武指揮官，職責爲組織轄區內的司令部各直屬部隊等、防禦太武山核心陣地、衛戍司令部的安全和紀律維持，我有兩個指揮所，一在太武山頂觀測所旁，一在擎天廳旁鑑潭，距司令官住地僅一箭之地，時常晚飯後召往談話，多爲討論外島及台灣防衛問題，台灣防衛構想本爲俞前部長和他的綜合構想，透過我的筆端而成型，加以俞前部長對前線的關心，每由前線回台時至其寓所請安報告金門防務時，每多提示要點，形成我對台灣防衛增強的想法——就是向前爭取及向後拓展戰略縱深，以彌補台灣地形上短淺，當時作戰次長爲黃世忠中將，要我回部任陸軍處長，主管本外島地面防衛，總長郝柏村上將，他倆的想法與我相砌合，推展起來相當順利，由民國七十四年（一九八五）起至七十八年（一九八九）九月一日，首先是「三民主義統一中國」標語築在二擔島上，增強對大陸的心理統戰，繼增強本外島決戰陣地地下化，與機動防衛戰法，破敵三擊（程咬金三斧頭及火攻）戰法相配合，雄蜂、天弓陣地等，使台海成爲台灣防衛的內海，而構成火熾海峽戰力，加以陸軍機械化師及戰車地下化，保證「破敵三擊」戰力適時發揮，以殲滅登陸百萬敵軍爲目標。當時承辦參謀爲周兆昌、黃中原兩上校，作業和督導都非常嚴格而順暢，尤以對民間賠償拆毀碉堡金運用、水泥加飛灰增加強度，品質嚴密測試保證，不但節省公帑，且迄今我退役二十餘年，各陣地均固如磐石，堅似鋼鐵，見面閒話時，皆引爲榮焉！

十、職業二春：

民國七十八年（一九八九）九月一日，限齡退役前半年，安全局長宋心濂上將的秘書王章洲將軍電知，徵求我的意見，軍職外調國家安全局工作，任選宜蘭縣或屏東縣地區督導，綜理地區的情報安檢等工作，條件是少將延任一年，轉文職可幹到六十五歲，基於規定將失去核配價購敦化新城（國防部眷管處尤結田將軍告訴我，國家安全局屬中央眷舍配售體系），且個人以爲情報工作不適合志趣。而加以婉拒，後又徵求我去故宮博物院追隨秦孝儀院長任安全室主任，就教於總統府人事處錢銓處長，他是我陸官校廿四期入伍第七中隊同區隊同學，同在介壽館辦公，時相往返，互爲研討公私問題，每多作詳實的忠誠建議，是十分可信的學長朋友，他說：「我知道你的個性，不適合這個工作，且無專車、待遇不高，維護古物寶貝責任至重」，經此分析，我又十分抱歉的婉拒宋上將的好意。因此，決心告別四十年又半的軍旅生涯，離開介壽館二樓辦公室之次日，漫步新店市五峰山巔大香山慈皭寺的古刹山林中，深感歲月悠悠，似水流年，韶華易逝，少年離鄉背井，漂泊台灣中國東南一隅，柳營虎帳，英氣勃發，運籌帷幄，得心應手，決勝台海，雖未揮一旅之眾，反攻復國，但嚇阻巨敵數十年不敢越雷池一步進犯台灣，而能創延兩岸和平發展經濟環境時間，堪可慰也。是時也，承老友周朝章介紹百霸山莊姚宏影女士，邀我協助其建立山莊管理制度，好友謝華女士介紹國聯化學公司董事長洪老典聘我爲其建立安全制度，又老長官黃世忠將軍和汪正中將軍，介紹另一機緣，推薦至八仙樂園育樂有限公司秘書室特別助理，加入陳朝傳董事長事業群一環中，他的事業包括：士林紙業、萬海航運、金伯利衛生用品、台實貿易（進口水果），泰安保險、八仙樂園…等，他僅初商畢業，初入社會開運稻草卡車司機，但實幹苦幹，特別重視成本計算，有魄力，有遠大眼光的企業家，他所領導的事業，都呈隱健、蓬勃興盛、欣欣向榮的情態，每次他主持會議，裁決問題，眼光深遠，方法獨到，令人欽佩，追隨其從事樂園管理，長達近十年之久，深覺民間事業和軍事管理的原則、技巧、環境雖然不同，但要求幹部廉潔、合作、精密、勤儉、效率則是相同的，其中職司樂園與國有財產局土地佔用、填海、保安林地等訟案，均能以高度的智慧，提供理律法律事務所八仙海岸被流失的詳實證據（軍用地圖與民間地籍圖綜合運用、顯示填海、保安林地爲流失土地）

而獲「無罪判決」確定，理律法律事務所名律師陳品秀、徐博生告余：這是變不可爲可能的確切證據，最值得東主的讚譽。因自十八歲當學兵起，全程工作已逾五十年，年齡已滿六十七歲餘，工作意願亦隨相繼減低，加以汪正中將軍（蔣中正總統專機美齡號專機中隊隊長）在美白血症病逝（七十九歲），缺乏與董事長溝通之彈性橋樑，八仙樂園新一代幹部作法和想法與往日不同，古人說：長江後浪推前浪，該退職的時候就決然離職養老，而於八十八年（一九九九）元月一日離職，結束了人生第二春的機緣，還我自由之身，樂享讀書興趣的晚年，東家對我不薄，獲得退休金百萬之多。

結語

民國七十八年（一九八九）九月一日，國防部作戰次長李楨林中將及處內同仁歡宴退伍，在三軍軍官俱樂部多喝了幾杯酒，送贈銀牌「功在聯三」，是我軍旅生涯三進三出的獎勵，當之無愧，一個不學無術的小子，能三進三出聯合作戰中樞，競競業業從無懈怠，雖無偉績，但有勞績。告別四十年的軍旅生涯，離開台北介壽館二樓辦公室的次晨，漫步新店五峰山巔，爬登五百階，長嘯三聲，清新、自由空氣充滿胸腔，深感歲月悠悠，似水流年，韶華易逝，少年離鄉，漂泊台灣，爲免遭田橫五百壯士之悲慘下場，而柳營虎帳，英氣勃發，勞牘軍旅，運籌帷幄，以寡兵防守台灣，團結犧牲，嚇阻中共，數十年不敢越雷池一步，創造今日兩岸雙贏「和」的環境，如今兩鬢飛霜，脫下征衣，還我一介平民自由之身，又至社會經營第二春，在長達數十年的機緣中，回憶諸長官風範、智略、恩惠，以及諸同仁的合作耕耘，著實令吾人感念。

哈佛博士俞大維為「居安思危」揭幕

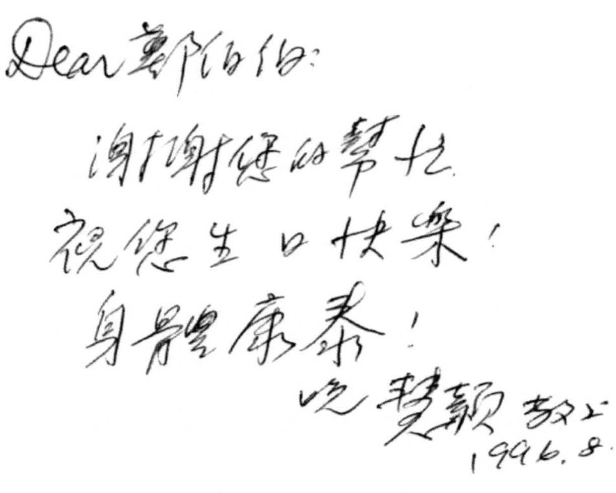
Dear 鄭伯伯：
謝謝您的幫忙
祝您生日快樂！
身體康泰！
晚[illegible]敬上
1996.8.

哈佛畢業的總經理祝生日快樂

1961 年 10 月 8 日於台南市與岳父全家合影

1961 年 10 月 8 日許瑞娟、鄭擎亞結婚合影

與總司令陳上將廷寵合影

國防部長宋長志授階

與賢妻許瑞娟合影

與子鄭中一合影

鄭高聯姻家長及大姨夫婦合影

三軍軍官俱樂部喜慶宴會廳

總統尊翁李金龍老先生主持婚禮

滎陽堂 94 世孫於台灣台北市結婚

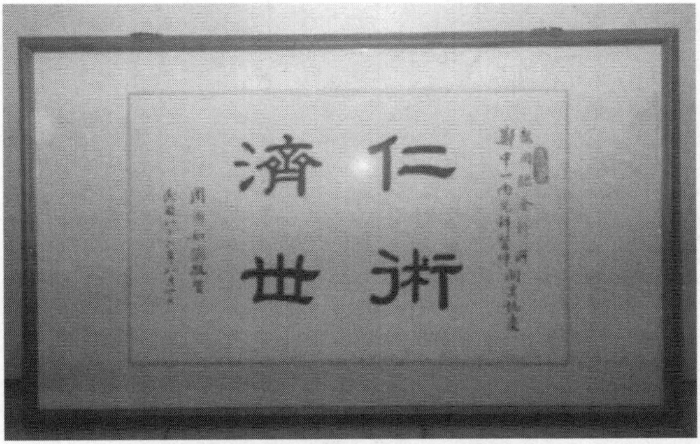

龍岡兒、內科聯合診所好友周道如致賀

同鄉長輩致賀

左（一）為中一的乾爹王秀雲同鄉學長

全家 2010 年春節合影留念

與王豐慶學長夫婦合影（2005 年 4 月 30 日）

東圈王村助修村道竣工（2004 年）

城西東圈王村助修村道竣工碑

鼓樂歡慶村道竣工

村道平整堅固人車稱便

鄭庄、小丁庄、黃井、馮寨四村，村道竣工紀念

立碑後重渠馮寨西祖塋遠眺

2002 年回鄉清明祭祖

與大姑萬、大姐秀蓮合影

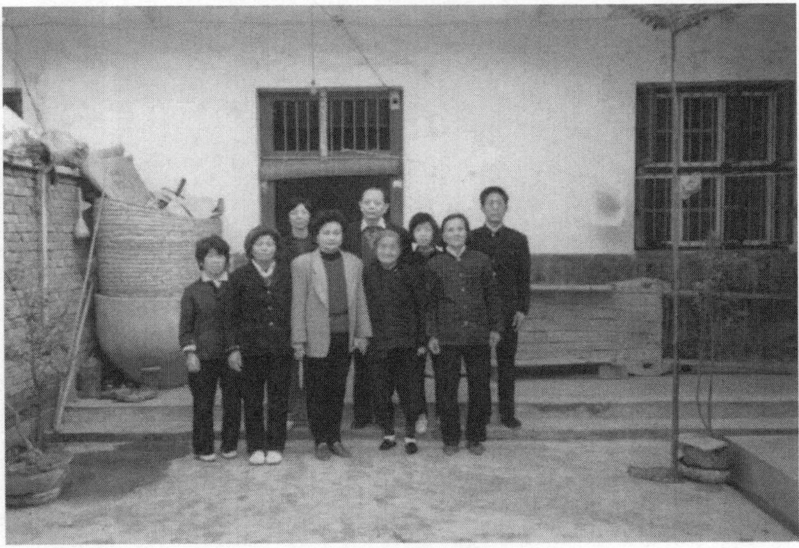

在西平重渠全家自宅合影

全家在金門太武山玉章路合影

遊太魯閣東西橫貫公路

遊昆明大觀樓

西平東大街三樓慶生日（2004 年中秋）

金門機場與宋心濂司令官合影

民國 76 年視查二擔三民主義統一中國竣工

向俞部長大維溫州街宅中拜年

拜　年

俞前部長指示兩個陸戰師之運用，右為羅順德將軍

報告金馬外島戰備整備情形

奉宋長志總長指示多向前輩將領請益傳承

俞前部長指示防衛三斧頭到得快打得猛

陸官校入伍第七隊九班馬班長慶生

為恩公陳上將堅高慶生合影

上圖：視察金門在民俗村前合影
下圖：視察亮島

職業二春八仙樂園合影

職業二春與陳董事長朝傳兄弟合影

貳、論孝道

西元一九四九年春正月二十八日，余稟別父母到江南求學，一年畢業回家教書，由於時勢不許可，到台灣數十年中連通信報平安也沒能做到，直到開放探親，才知道父親金亭公於西元一九五九年人民公社時，糖尿病加飢餓而逝，享壽五十二歲。慈母蘇氏文於西元一九八〇年十月，含著對不孝子無窮的悲思，臨終時頻喚乳名——根兒！根兒！離開人間，享壽七十二歲，多悽慘的世界，野心家的惡行，拆散了幸福家庭分離，多少白骨埋在荒野。今天孔子回到天安門，討論孝道意義宏大，但個人學養不足，抱誠敬之心、勉而行之如下：

中華民族是講孝道的族群，由原始部落進步到西周政治封建社會，確立宗法社群制度，即是以家族爲社會組織中心，家族的主要成分爲父子兄弟姐妹，建立了合理的血統關係，首要是尙親親、事父母的行爲表現，名叫「孝道」。友兄弟姐妹叫弟，此種倫理天性、是賴血統關係的維繫。故孔子曰：「入則孝、出則弟。」有子曰：「孝弟也者，其爲人之本與！」此種孝與弟，乃爲家族的首要，因人類莫不愛其父母，以愛父母之心，而推及同胞兄弟，乃係人類自然行爲的表現。

討論孝道、自然以孝經爲本，孝經爲孔子與曾子問答的書，如論孝行推之至修身、齊家、治國、平天下，孝經中的孝和古禮中的孝是相同的，以家中倫理爲中心思想是基，而推至王有至德、政順治天下。所謂至德、即孝也。

另就個人道德修養言，至德就是爲人、處事的要目，而推及治國、平天下，孝更列爲第一，君王的一言一行，俱能以毋添所生爲念。如起自一家之中，夫妻相愛，如琴瑟調和，長幼先後、雁行有序，其樂融融、和和氣氣、以父母之命是從、擴而充之、由愛家族、愛國家、進而愛全人類、做到禮運大同篇的境界。

中華民族表現於至親生活中的「孝行」，易作易行，爲政者應以身爲則，而導民於風行草偃，全民景從，上有仁民愛物之美德，下無作奸犯科行爲，必然社會秩序井然，是以古代君王，無不倡行孝道，而以孝治國。西漢有孝弟，力田科以取士，歷代孝廉、士正，均受國家選任，獎勵。而不孝之罪，量刑極重。孝經上戴五刑之屬三千，而罪莫大於不孝。在清朝時，如果某縣發生逆倫事件，父母官知縣，亦要受連帶處分，因知縣負教育人民之責。平時不能教化人民爲「善」，足瞻治績之不彰，是故，鄉里處處稱譽孝行，而賤視不孝，從民風諄厚，社會晏然否爲斷、又孝經中有非孝無親，此社會大亂象之前奏也。孔子曾曰：「吾志在春秋，而行在孝經。」意思是在實踐孝經，以達到春秋時代的政治主張。孝經中有君子事親之孝，故忠可以移於君，曾子更明言，戰陣無勇非孝也，歷代移孝作忠的民族英雄，更受千古讚揚，民間的愚夫婦，無不知「孝」爲百善之首，而踐履之。

論語中，孔子答學生問，有關孝行有下列諸條：孟懿子問孝：子曰：「無違」。樊遲御，子告之曰：「孟孫問孝於我」，我對曰：「無違」。樊遲曰：「何謂也？」子曰：「生，事之以禮、死，葬之以禮，祭之以禮。」

孟武伯問孝，子曰：「父母唯其疾之憂。」

子游問孝，子曰：「今之孝者，是謂能養，至於犬馬，皆能有養，不敬，何以別乎？」

子夏問孝，子曰：「色難、有事弟子服其勞，有酒食、先生饌，曾是以爲孝乎？」

又里仁篇，子曰：「事父母幾諫，見志不從，又敬又違，勞而不怨。」

綜上可見，孝應具備愛，敬、禮及和顏悅色，使父母歡喜，今世自道德和政治上觀察，孝既以人爲本，一切德目應從人中所出，可從三方面慎謹的加以說明：

一、孝爲德之本源：孝經云：「父母之道，天性也。」曰：「天性——無不愛其父母者。」又云：「不愛其親其愛他人者，謂之悖德；不敬其親而敬他人者，謂之悖理。」人悖德，悖理者，自然缺乏道德和禮敬，所以人第一要重「孝」，要認識到「孝」是德之本源，特別重視發榮滋長。

二、孝爲道德起源：所謂「孝始於事親」、「親親而仁民」、「老吾老以及人之老」，意爲先敬愛自己的父母，子女對父母能孝，對國家亦能盡忠，所謂「求忠臣於孝子之門」、「戰陣無勇非孝也」，亦即所謂先事其親，其擴充之而爲國盡大忠，爲民族盡大孝，其至恩澤及於萬物，即所謂：「親親、仁民、愛物」都是從孝起始的。

三、孝爲道德的培養：道德經後天培養始能保有先天良心，否則受社會不良影響，而良心有汩沒的可能，培養係自幼始，受教家的良否，會影響後天到一生，孝乃家教中重要環節，子弟能孝順父母，便能知敬、知愛、知義、知禮，而俱備在社會作人、處事的基礎，國家良善的公民、莫不由家教中培養而來的。

國家社會要富足、和睦、強盛，人人都要道德培養作起點。如此，人人都能自愛、自立、自強，進而能愛國、立功，顯親揚名，在處事能本乎正道，不越軌妄行，立志上進，對國家社會盡良心立功，對自己立業、享受幸福生活。

「禮記飲酒篇」謂：「民知尊長、養老，而後乃能入孝弟。民入孝悌，敬尊長、養老而成教，成教後國家安富也」，因爲民在家能守孝者，而推及鄉中長老，促成一鄉之治，鄉爲社會基層，鄉治則國治，故孔子曰：「吾觀於鄉，而知王道之易易也。」我國社會中之糾紛，多爲鄉老調解息爭，人民一生不上法庭爲原則，莫非均由孝起作用。

孝經謂：「自天子至於庶人，孝無終始，而患不及者，未之有也。」此意即是孝無階級，而天子能孝，推至敬愛父母之心、而擴至愛百姓。故又謂：「愛親者不敢惡於人，敬親者不敢慢於人，愛敬盡於事親，而德教加於百姓，刑於四海。」由此可見在上位者，因有敬愛父母之心，乃能反躬自省，不敢殘暴，而仁愛百姓，乃是由孝促成的。

總之，以上所討論儒家所主張孝治的理想，致歷代君王多莫不以孝治天下。孔子曰：「其孝不肅而成，爲政不嚴而治。」故自古以來，孝爲治國、平天下之大本，此不僅是理論，亦爲彰顯實踐「孝」的實證表現，馬列主張鬥爭父母的惡行，已被中國人民所唾棄，孔子主張以孝治天下愛百姓，其像回到北京天安門廣場，乃時代的當然，對民族文化復興善莫大焉。爲孝爲善特撰文於鄭氏家譜，致實踐之意。

叄、格　言

一、幸福九德：中華民國鄭擎亞

幸福來自仁慈的心地。
幸福來自身心的健康。
幸福來自內心的寧靜。
幸福來自知足的快樂。
幸福來自不斷的學習。
幸福來自孝順的實踐。
幸福來自善緣的廣結。
幸福來自無價的服務。
幸福來自經久的濟世。

二、幸福與長壽的十項要訣

許瑞娟撰

㈠保持愉快的微笑，因微笑使人年輕、活力。
㈡飲食八分飽、多喝白開水。
㈢每天要做恆久的散步、流點汗舒坦。
㈣保持好學的思想，多讀書及報紙。
㈤多欣賞柔美的音樂，調和身心平衡。
㈥早睡早起、不熬夜、酗酒、嫖妓、賭博。
㈦與朋友、鄰居和睦相處、助人行善、立德。
㈧少吃魚肉、多吃蔬菜、水果。
㈨知足常樂、不妒羨他人。
㈩每年做一次體檢、及早發現病源，防止惡化。

註：參考台中聖天堂——健康長壽原理改寫。

三、書與善、漢——馬援

黃金非寶書爲寶，
萬事皆空善不空。

註：寶者好也、善者必倡。

四、處事格言．宋——司馬溫公

天下有兩難，登天難，求人更難。
地上有兩苦，黃蓮苦，貧窮更苦。
世上有兩險，江湖險，人心更險。
人間有兩薄，春水薄，人情更薄。
知其難，忍其苦，測其險，耐其薄，可以處世矣。

五、陽明家訓．明——王陽明。

名守仁餘姚人，平宸豪亂、倡良知良能知行合一學說。

幼兒曹、聽訓示、幼讀書、敦孝弟、學謙恭、循禮義、節飲食、戒遊戲、毋說謊、莫貪利、毋任性、莫鬥氣、勿責人、但自治、能下人、是有志、能容人、是大器、凡做人、在心地、心地好、福可冀、心地惡、禍莫避、譬樹果、心是蒂、蒂若壞、菓必墜、吾教汝、即此意、諦聽之、須切記。

註：冀者，望也。鄭姓兒童、背誦祠堂有奬。

六、了凡四訓、樂善積德方法、明——袁了凡。

㈠與人為善。㈡敬愛存心。

㈢成人之美。㈣勸人樂善。

㈤救人危急。㈥興建大利。

㈦捨財作福。㈧護持正法。

㈨敬重尊長。㈩愛惜物命。（指動物）

七、書孝——彰化白水老人、癸酉夏書於龍門山，調寄蘇武牧羊

人間百善孝爲先，親恩大如天，永世難報完，鞠育恩、乳哺難，劬勞整三年。古時黃香煖衾把枕扇，子夏曾問孝，夫子謂色難，當知禽獸烏鴉反哺，羊羔跪乳前。

註：生我劬勞——見詩經。

八、百孝經——台灣彰化莊女老師

天地重孝孝當先，一個孝字全家安，孝順能生孝順子，
孝順子弟心明賢，孝是人生第一步，孝子謝世郎爲仙，
自古忠臣多孝子，君選賢臣舉孝廉，盡心竭力孝父母，
孝道不是講吃穿，孝親貴在心中孝，孝親親責莫回言，
可惜青年不識孝，回心復孝天理還，諸事不順因不孝，
怎知孝能感動天，孝道並無他妙法，孝順那分女和男，
福貴皆由孝字得，天將孝子另眼看，人人都要孝父母，

孝順父母如敬天，孝子口中說孝話，孝婦臉上帶笑顏，
樂對公婆能盡孝，又落孝來又落賢，女得淑名先學孝，
三從四德孝在前，孝在鄉黨人欽敬，孝在家中大小歡，
孝子逢人就勸孝，孝化風俗禮品端，孝家孝子聲價貴，
孝子歸西萬古傳。處事惟有孝力大，孝能感動地和天。
孝經讀後把孝勸，孝父孝母孝祖先。父母生子盼子孝，
能孝就是好兒男。爲人能把父母孝，下輩孝子照樣還，
堂上父母不去孝，不孝窮苦莫怨天，孝子微笑太和相，
入孝出悌自然安。親在應孝不去孝，親死再孝後悔難。
孝在心上孝在貌，孝貴實做不在言。孝子齊家合家樂，
孝子治國萬民安。五穀豐登皆因孝，一孝能修太平年。
能孝不分窮和富，善體親心爲孝男，兄弟和睦即是孝，
忍讓二字把孝全，孝從難處見真孝，孝容滿面承親顏。
父母雙全正宜孝，孝思鰥寡親影單，趕緊孝來光陰快，
親由我孝壽由天，生前能孝方爲孝，死後想孝徒枉然。

孝字傳家孝是寶，孝性溫和孝味甘，羊羔跪乳尙知孝，
烏鴉反哺孝親前。爲人若是不知孝，不如禽獸太可憐。
百行萬善孝爲首，人世孝字是根源，念佛行善也是孝，
孝感佛力超九天，大哉孝乎大哉孝，孝益無窮福無邊。
此篇句句不離孝，離孝人倫顛倒顛。念到十遍千個孝，
念得百遍萬孝全，千遍萬遍孝常念，消災接福萬萬年。

註：鄭姓三至七歲兒童會背誦、祠堂有獎。

九、蝸牛——歌星：台灣周杰倫。自幼到老，我自己就是蝸牛。

該不該擱下重重的殼、尋找到那裏有藍天、隨著輕輕風輕輕飄，歷經的傷都不感覺痛，我要一步一步往上爬，等待陽光靜靜看著他的臉。

小小的天，有大大的夢想，重重的殼裡裹著輕輕的仰望，我要一步一步往上爬，在最高點乘著葉片往前飛。

小小的天，流過的淚和汗，總有一天我有屬於我的天。我要一步一步往上爬，在最

高點乘著葉片往前飛，任風吹乾流過的淚和汗，我要一步一步的往上爬，等待陽光靜靜看著他的臉。

小小的天，有大大的夢想，我有屬於我的天，任風吹乾流過的淚和汗，總有一天我有屬於我的天。

肆、文藝

一、墓誌銘：公元一九九一年清明立碑馮寨祖塋，二〇〇〇年秋十月塋平碑毀，捐修村道，復塋興碑。

顯考諱金亭公／妣蘇太君文　傳略

顯考鄭公諱金亭、字瑞和，河南省西平縣重渠鄉鄭庄人，生於清光緒三十四年，仙逝於公元一九五九年（民國四十八年）、九月二十日，壽五十有二，顯祖父明偏公／母賈太君早逝，與于歸上蔡縣大張庄劉家姑母「萬」相依爲命，公幼聰敏，喜讀詩書，因未及冠繼家業，勤勞儉樸，熱心公益、農閑營商、家道小康。

顯妣蘇太君文，柳堰河北岸小王庄人，生於清宣統元年，仙逝於一九八〇年（民國六十九年）十月十二日、壽七十有二，端莊嫻靜，待人寬和，相夫教子，持家有方，鄰里稱頌賢德。

顯考／妣結縭三十餘載，相敬相愛，樂種桑麻，同心齊家，養育子女各三、子振華，旅台讀書、事業有成，次子振國，工作於縣教育局，三子振山，承繼農事，長女秀蓮，次女秀蓉，三女秀鑾，各有歸宿，我族每處亂事，能子孫滿堂，乃祖德庇佑也。

鄭姓族眾，居庄已五百餘年（註：近考證，共三十世，七百餘年）。幼見庄後祖塋、群序列為二十三代，明末之亂，族人多南走廣東、福建謀生，滿清末年，清明祭祖，有遠來參祭、語為閩粵音者，公元一九四九年、長子振華，至江南讀書，後輾轉渡台謀生，四十有二年；今攜妻許氏瑞娟回鄉，闔家團圓、歡宴族眾親友，祭祖銘石立碑，以彰孝思，永垂萬世。

素子鄭振華
孝媳許瑞娟 撰叩

西元一九九一年清明立碑

二、憶慈母蘇氏文百歲紀念文

五月榴花鮮火紅，朱英燦爛照眼明，

慈母春輝西天遠，杜鵑啼血我淚盈。

西元二〇〇一年回鄉探親，見故宅院中原有榆、杏樹多棵及石榴樹兩棵、現僅剩一棵石榴樹根部、長出數條軟枝，嫩芽上不見有榴花，與往昔慈母摘裂開如紅寶石的甜美石榴，分食子女的情境，不禁淚如雨下。慈母柳堰河北重渠小王庄人，是外祖父蘇公來夘的掌上明珠，家宅三處、良田百畝，騾馬成群的富農，外祖母生玉璋、玉成、金生三兄弟，外公早逝，大舅獨子明楨被稔匪擄走，苦尋無著，花盡家產，並染上鴉片煙癮，家道中落，田園荒蕪，祖宅倒塌無人管、兄弟分家，外婆獨居廚房小屋，僅剩養老地一畝過活，老來悽慘，我家人丁單薄，祖父亦早逝，父親金亭公喜玩紙牌，老是被鄉中無賴算計，賣地花錢了事，田產日減，農閒時吾父販賣糧食、我在前拉雞公車，頗爲辛苦，但我喜讀書，不論做何事、閒中即讀書、補上不上學的進度，又喜國文、算術，期考名列前茅，吾家經濟雖不豐，但尚能溫飽，母親孝順、時往小王庄探視外婆，接濟食物，我幼時，也獨自渡河探視、送水餃、肉食給外婆，冬天留我過夜，睡在她腳邊，叫我胖豬、火爐，痛愛有加。但不知何故，過世時我並未送殯，新春初二隨母親回娘家拜年，才至墳前跪拜，回鄉探親。

註：又行三拜九叩之孝禮，請她在天之靈原諒外孫的不孝。

慈母生於清宣統元年（一九〇九），逝於西元一九八〇年十月十二日，享壽七十二歲，她彌留時，頻呼我乳名、根兒！根兒！你回家啦！孫兒他們呢？含著悲悽無窮的思念而終，奈何隔海對峙，無情的不能通信數十年，真是一個極其殘忍的時代，幸有三十年好友陳連信先生（中國電視公司工程部經理）、代筆寫信及附全家相片由香港郵寄，母親獲信後，在寒冬大雪紛飛，雪厚及膝、寒風凜冽中傳告親友說：「吾兒來信了，討了媳婦、生了孫兒、你們看這像片，媳婦孫兒好漂亮」。振國、振山兩兄弟陪著母親、天再冷、也擋不著熱情和高興。連信兄由香港回來轉告此情時，不覺熱淚滿面，燒了信免成後患，喜吾母尚在，盼有一天能回家盡孝道。但兩岸仍在對峙，身在軍中，階級又低，待遇不高，養育子女亦有困難，清苦的住在籬笆眷舍中，但仍數次由香港匯港幣約五千元僑匯，聊盡些兒的孝思。那些信還有邵秀霞嫂夫人同學陳秀英老師的代筆，連信兄夫婦已作古多年，迄今我仍念念不忘大恩大德的友情，求佛超渡樂在天國。

那些家書，振山弟整理一齊交我保管，裝訂成冊，封面上題「家書值萬金」，但萬金也買不到慈母春輝照耀，這些信確切證明破壞百姓幸福家庭分離的蠢事，存在家譜的原稿箱中、期子弟能夠善爲保管傳遠，適逢慈母百歲冥誕，而作悼詞，哀告慈母在天之靈前曰：

祖國柏城，柳堰河畔，重渠鄭庄，滎陽堂第，慈母蘇文，樂善好施，救助貧困，篤信佛道，日誦彌陀，相夫教子，勤儉持家，賢著鄰里，健康長壽，愛留後世，庇佑子孫，富貴綿長，慈傳百世，千載於茲，不幸亂世、蠢農笨群，斷碑平墳，魂飄曠野，回歸掃墓，近鄰情怯，書記銀坤和村中無賴，藉機敲詐，捐修村道，復祖塋碑，飲水思源，報我母恩，承繼祖訓，樂善家風，原諒無智，加倍善行，揚母慈恩，博施永昌，祝我慈母，西天享榮、尙饗

93世孫：鄭擎亞、許瑞娟　同叩

註：西元一九九一年春，探親回鄉，去外婆家，接待我和妻的是表嫂孫喜妮，明楨表哥已去世，表嫂人高馬大，個性爽直，一碗煮了六個雞蛋，放白糖是農村最高的招待，我僅吃了一個蛋清，幼時她叫我洋學生。聽他說：「明楨表哥被其父擄作兒子，後兩情相悅結婚後歸宗，其父劣行，害了大舅家破人亡，再怎麼補償也晚了。二舅生二女，各有歸宿，三舅在漯河牛行街認識喪夫的舅媽、美惠生四女，蘇家只有表哥接續了香煙。

三、勤儉與儲蓄

語云：「勤儉，美德也，自古尚之。」這句古語說明了勤和儉是同等的重要。勤即是勤勞，俗語說：「勤能補拙」與「業精於勤」又「一勤天下無難事」，這無難事就是要靠勤去完成，去貫徹，不勤勞，不但一事，而且事事都難，所以有「為者常成，行者常至」之語，又「勤者有功，戲者無益，學如不及」。在在都是說明「勤勞」的重要。我建議給你的讀書方法，使用五種色筆，每讀一遍用一種色筆勾劃重點，重點多讀幾遍，一本書劃了五種顏色，那這本書就讀熟了，大學要考的高中課重新複習五遍時，個人的進境是個什麼樣的境界，這就是「業精於勤成果」，這是吾兒中一讀書的方法。

儉，即是節儉，古人云：「儉以養廉」，古今廉潔的人，大都是崇尚節約的人，節約就是將收入的錢，量入為出，作有計劃有效的運用，做到當用則用，當省則省，絕不浪費，譬如我支援你們的錢，都是經過詳細考量而訂出來的，使恰到好處，不能浪費，你們畢業了，我們不再支援你們，要你們「自立自強」，學「蜜蜂」去找花蜜，自己吃了，還能養家裏老和小，不是把你們養成「金絲雀」，脫離了主人喂食就沒法自己覓食了。吾姪中凱暑假送牛奶賺來的錢，就像蜜蜂採來的花蜜，吃起來特別香甜。

由勤勞賺來的錢，經節約省下的錢，放在家中還怕丟失，最好是在銀行開個帳戶，學校中也有實習銀行吧！儲蓄起來，要用時再取，不但可以養成不亂花錢的習慣，儲蓄可以積少成多，加上銀行利息，那就多一點了，語云：「一分一文積蓄，可以致千金；一分一文揮霍，可使傾家。」這說明儲蓄的重要。咱鄭家曾祖公鄭泰，字明倫，非常的勤儉，去世時，有田四十畝，到我父親金亭公時，喜玩紙牌，雖然不是大賭（用驢子販賣糧食在城中）和農閒時在莊上打紙牌，我非常不滿意，但做兒子的能說什麼，看在眼裏，痛在心中，加以咱家人口單薄，愚民蠻不講理，老是被人欺侮敲詐，田地一畝畝賣了，我離鄉時還有二十餘畝，聽說實施人民公社時，咱家只剩十四畝地了。列爲「貧農」，二兄弟是知道的吧！這也是一個非常明顯的例子呀！

大伯在台灣一九六一年和大嬸結婚，省吃儉用十年才存台幣一萬元，結了婚錢沒了，租房子一個月二五〇元，我的上尉月薪才三九〇元，兩人勤勞克苦賺的錢雖不多，總要留三分之一儲蓄起來，這樣越積越多，不但可做大哥、大姐的學費（暑假擺攤賣草帽），數年後，還在台南市分到眷舍加蓋一間，改善廚廁現代化，也託人從香港寄點錢回家，聽二妹秀榮說：「二弟結婚就是那筆不多的錢發生效用。」今天大伯儲蓄的錢，也可以防老了，因爲軍中退休被民間公司聘用，由五十八歲工作到六十八歲才退休，比大陸多工作十多年之久，所以，我退休金自己養自己，不必靠你大姐大哥養我，這就是應驗古語：「智者知節約，可以毓老；愚者知揮霍，老來生活無錢，後悔已來不及了」，也就是人生「智和愚」的分野。

「勤勞」、「節約」、「儲蓄」是理財的一貫過程，咱鄉更有一句俗語：「吃不窮、穿不窮，不會算就會窮。」這不會算數字，其意義就是今日的——數學公式、化學定律，你們用不著質疑，你們照著去做，就會受益無窮。在台灣也是一樣，社會打工非常普遍，賺錢不難，但部份孩兒們將每月的收入用之罄盡，更有借貸（刷卡預支）者，一旦生病急需用錢時，便束手無策，窘態畢露，俗語說：「人無遠慮，必有近憂。」在有錢的時候，切莫忘記沒有錢的痛苦，只有節約儲蓄，才能有備無患。

在上海市埔東陳行鎮工作的鄭中原，因爲讀的是「文科」有幸在保溫材料廠擔任機員，工作很努力，將機械原理、保養程序、產品質量控管、廠房清潔等弄得非常清楚，產品效率亦有提高，深得廠長信賴，月薪剛入公司是八〇〇元人民幣，我建議他三分之一生活費、三分之一支援中民讀書（畢業停止），三分之一存入銀行生息，數年後當是一個大數目，用於「結婚」、「置產」。我想他是如此做的，盼侄子們要效法他的儲蓄方式，西元二〇〇九年，中原已在駐馬店花了二十萬人民幣買了公寓，這就是勤儉、節約的實際例子。

註一：本文將列印鄭家家譜中，作為後代子孫參考實行。

註二：錢存入銀行要定期利息選擇最高的，但要算到何時用錢，用多少錢，作最適當的選擇。

四、飲食與健康

「食」乃人生的一大事，活命的條件，快樂的本源。吾人一日三餐，每年千回，直至老死，沒有例外。例如何方能享受飲食的樂趣，永保健康，爲今日討論的主題。

吾人知道，均衡的飲食，爲身體獲得適當的營養先著，對健康長壽的影響非常大，且人入中年後，消化器官機能衰退，如何進食與保養尤爲重要。

人的壽命按動物來推算，發育成熟後的五倍，應該可活一二五歲，事實上好幾個地區，如喜瑪拉雅山一帶，以及一些未開化社會兩相比較，可以發現，現代化社會的人潛伏著四大不妥——（一）飲食不當。（二）精神壓力太大。（三）好逸惡勞。（四）環境污染。所以健康情形受到惡劣影響，壽命跟著縮短。今就飲食不當，來談談健康之道。

大家都知道，營養好，人體細胞獲得的養分足，他的活動力就強；反之，營養不好，他就易老化，然而話說回來，如果食物營養太好，細胞獲得的營養過量，也就好比揠苗助長，其老化同樣的加速，譬如：玫瑰施肥，施得太多時，一夜之間就會死亡。因此，我們針對目前文明社會，對飲食方面脫離了原始自然的法則，提出下列五點，希望在觀念上以求改進：

㈠、生的比熟的好：古代先民都吃生食，所以體力好，體力強，能和野獸搏鬥，可見生食的營養比熟食好，現代科學也證明，生食能保留完整的養分，對現代人來說，生的肉食已難爲人接受，就是日本料理生魚片、蝦子也要加沾殺菌的醬料，但要多吃生的果菜。人類進化中，從生吃改爲熟食，主要是爲了美味和減少傳染病，時至今日，已有可靠方法消毒，改善不衛生的條件，故目前人類應犧牲食物的美味，以換取壽命的延長。

㈡、自然的比人工的好：市面上有太多的人工或加工食品，人們爲了便捷和可口，把很多營養成份，在加工的過程中破壞或拋棄，有則更把非營養物質，甚至有害的東西加進去，五顏六色，雖然好看，但對人們健康的損害是很大的，所以我們如果要注意健康維護，應全力揚棄人工食品的依賴，多食用天然食品，特別是那些可樂類、速食麵、及加了色素的食品，不宜食用。

㈢、粗的食品比精細的食品好：威脅現代人健康的一大因素，就是市面上賣的精細食品太多，吃了使得人體消化器官退化。且因纖維素減少腸蠕動功能變差，胃腸系統的疾病隨此而來，大腸癌、膽固醇過高、心臟血管變狹的毛病接踵而至，惟有改食較粗的食品，改善人們的體質，以長保健康。

㈣少吃比多吃好：中國有句流行已久的俗語，吃飯要吃八分飽，常保青春永不老。今日以科學觀點看，是非常合乎道理的，如果每餐食過飽，胃、腸消化作業也跟著大了起來，長期蠕動加班下，一定傷害正常功能。同時就前面所述的玫瑰施肥過量，他的壞處要比好處多，以目前工業社會，最好是要實踐下面一句話：「早餐吃的好、中午吃的少、晚上吃八分飽」來說明，三餐都吃，不吃零嘴，不吃宵夜，仍是保持身體健康的正道。今日部份宗教人士有過午不食者，爲另一種保健方法。

㈤、不去皮吃比去皮吃好：許多果菜的營養，外皮不下於果肉，能不去皮就最好連皮吃，以保持果蔬的完整營養，例如米、麵外層的糠、麩、馬鈴薯和蘿蔔的皮，蘋果、梨子的皮等等。

我們的身體切忌發胖，因爲每增加一公斤體重，要增加近三公里長的毛細血管來週全服務這部份肥肉，心臟壓力與負擔增加的可觀，我們希望的體重（公斤），是身高（公分）減一〇〇，再打九折，此一數字的上下可容許百分之五的差距，算是目前大家公認的健康體重，切勿超過百分之二十。我們惟有設法調整飲食，再補以運動，來維持標準的健康體重。

很多人都聽說，上了年紀的人，不要吃蛋黃，喝牛奶喝脫脂牛奶，這是不正確的主意，雞蛋和牛奶的營養，不但豐富，而且完全，特別是蛋黃，含有豐富的鈣、鐵、鈉、及維生素。牛奶更好，除非是特殊情況，無論老少，每日一杯 250cc 牛奶，兩日一個雞蛋，是絕對該吃的。

此外，目前仍有許多人，對飲食有不正確的觀念和特殊的嗜好，花天酒地，肉食滿嘴，不肯為健康而放棄，現在提供下列幾項，以供參考：

第一、什麼東西可以多吃呢？多吃青菜、多吃水果、多吃魚、多吃醋、多喝水。青菜以深綠色為佳，魚有高蛋白質，且含有益的高密度的膽固醇，醋可以健胃腸，又有助於鐵質等吸收，並與關節膠質有關。

第二、什麼食物應當常吃呢？牛奶、蜂蜜、酵母片、魚、瘦肉——這些食品都有完整和豐富的營養素，脂肪量都不高，對中、老年人最為適合。

第三、什麼食物要少吃呢？少抽煙、少吃鹽、少吃糖、少喝酒、少吃動物油脂，少量的酒不但有益血液循環，降低血壓，有助胃腸吸收，並能促使情緒輕鬆，但多喝絕對有害。煙則最好不要抽，他雖然可以消除寂寞，增加思考，但對健康是絕對的沒有幫助的，鹽亦是越少吃越好，自然淡而無味，其實我們每日一般食物中的含納量，已足夠身體所需，多吃鹽會增加血濃度，而升高血壓。多吃甜食物，身體易發胖，增高三酸甘油脂，甚至形成血管變化，增加腦中風的機率。

第四、清淡素食好過油膩葷腥：葷素在體內產生酸或碱不同的代謝產物，多吃葷食，乃偏酸性，易導致膽結石一類的疾病，只吃素食偏向碱性，則易導致腎結石一類的疾病，最理想的是，兩者適當配合，但一般人多半吃肉多過吃豆，葷腥多過素菜、水果，因此，吾人要長壽，宜儘可多吃素食、水果。

世界上最好最便宜的營養是陽光、空氣、水，越是容易得來的常易忽略，反最需要親近的摒至於外，甚至學習專家談到飲食營養，也懶得提醒一筆，事實上，我們的保健是以陽光、空氣和水爲基礎，他所反映的另一層意義，是要多接近大自然，享受最舒適、最便宜、輕鬆、愉悅的生活步調，讓生命充滿自然、安詳、寧靜的色彩。

五、如何提高服務品質，滿足遊客需要

八仙樂園執行董事陳慧頴提示：「八仙用心，歡樂溫馨」，作爲服務品質的指標，本此，以期使遊客蒞園感覺到滿意再來，也是本樂園永續經營的原動力，故如何提高服務品質，乃是本公司員工値得深思的課題。以通常而言，一個腹中蘊藏抱怨心的員工，他不會面帶微笑，對遊客也不會產生出親切的良好服務，所以在管理學中有一句名言：「要讓顧客滿意，首先要讓員工滿意」。如何要員工滿意，就是要尊重其工作權責，並注意其福利，依其職務時時加以訓練，使能勝任愉快。至於如何要求其對遊客做好服務工作呢？首先就是要了解遊客的需要，了解的方法，要主動經常聽取遊客的聲音，且多觀察、體會、細心探討，虛心接受遊客的抱怨和建議，再針對指正作有系統的紀錄、整理、分析、提出改進辦法，付諸員工訓練、執行、考核，必能滿足遊客的需要，茲提出下列數點意見，俾供員工同仁自勉。

一、人性化的服務：八仙樂園是服務事業，服務的對象爲來園遊玩的客人，服務要「以客爲尊」，不論是購票、入園、遊樂、餐飲等，員工對客人態度，禮貌而週到，使其感到有被尊敬的榮耀。

二、要將「微笑」掛在面龐：凡遊客來園，員工要以「微笑」迎接，先要介紹自己，「我是XXX，很榮幸的爲你服務」，這樣會使員工與遊客間，輕鬆而順暢溝通，謙虛的態度會引來遊客的心電共鳴，達到歡樂溫馨一片，遊客會再來遊玩。

三、反應要快捷：遊客有意見時，要特別尊重他的意見，並著重時效性，全力以赴的去解決，即是有窒碍難行的事，也要婉轉的解釋清楚，感謝他的愛顧。碰到不講道理的遊客，要「忍一忍」，讓三分就會海闊天空，你誠摯的態度、柔和的話語，會誘導遊客化解抱怨，感到「滿意溫馨」。

四、重視遊客建議：遊客有批評建議時，要立刻表示謝意，並尊重其想法，當面加以紀錄，改進後，再以謝函致謝，有必要時，寄以貴賓券，請其再來園遊玩，我們依旅客意見改進服務，必可達到圓滿境地。

五、加強清潔、亮麗、安全：園的環境及設施清潔、亮麗、安全，是全體員工的責任，依遊樂設施種類、大小、性質，分由員工保養維護，並分別發給水桶、清潔劑、乾濕摸布、油漆、毛刷等，分每日、每週、每月清潔、保養、檢查、主管認真督導、不可馬虎了事，並舉行比賽，以保持園區清潔、亮麗、安全，這是服務品質提供最重要的一點。

總之，八仙樂園是服務事業，要吸引遊客來園，愉快的由口袋中取錢消費、感覺值得，非提高服務品質不爲功，因之，宜導正員工蕭規曹隨，一成不變的低質服務觀念，激勵員工提高服務品質共識，發揮團隊精神，自然的會贏得遊客滿意和讚美，並主動義務爲園宣傳，爲達前述目標，除爲員工創造一個優良的服務環境外，對員工精到的教育訓練，充實其專業素養與學識，注意其福利等，都是刻不容緩的事，惟如此，方能達到「八仙用心，歡樂溫馨」，永續經營的宗旨。

註：提供族人做生意的參考。

六、馬輔老的詩文紀事

我的家原住台南市，因我調到國防部，中一兒考上師大附中，在新店市七張買了一間預售屋，邊上就是原野公園的小山，每日清晨到山上運動筋骨，呼吸新鮮空氣，滿身舒坦，到介壽館辦公，精神百倍，文思泉湧，非常的愉快。

到公園中的小山散步久了，感覺不過癮，而到五峰山去健行，那時五峰山邊有兩間寺院——佛教密宗藏經樓，大乘佛教的同淨蘭若，爾後增加了一間道教玉皇閣，還有一間小別墅，據說是電影明星養鴨人家影片中女主角唐寶雲的，別墅邊有一條小道，大家都叫他五百階，爬到中間，有個小山洞，敬奉各種神祇，到那裡有橙子有神明燈和香火，爬累了可以歇歇腳，燒支香，祈求諸神保佑平安。

山友最年長的是馬輔老，對象形及甲骨文字非常有研究書法更精，他和我非常談得投機，送了一付對聯：「人生聚散似游魚，偶爾相逢即不虛，倘若諸君雙履便，內湖坡盧是新居」，我們一群爬山的朋友有耕莘醫院副院長馮德壽、國立編譯館孫彥民教授、電力公司總工程師彭俊豪，及周建中、李錫甫將軍等十數人，星期日輪流請客到華中街吃早餐豆漿、燒餅、油條，每月終各人攜眷參加，並攜帶小菜一盤，擺滿一桌，茶、酒都有人攜帶，吃喝隨意，快樂無比，馬輔者九二高齡移居內湖，大家依依不捨，在飲酒中共賦詩句回贈：「峰峻六百階腳輕，秋山曉雲彩千層，輔老九二爭先上，詩歌唱和樂無窮。日日相逢更不虛，伴登五峰心共曲，此間山友本已少，爲何喬遷內湖居。」特請台灣第一銀行安全室主任周道如先生撰書致贈，不期馬輔老愛妻車禍而往生極樂，爲免其睹詩傷情而未敢致送，迄今仍與其贈吾之詩屏併懸於書房，不到一年馬輔老先生也仙逝了，睹詩回憶登山的快樂，而令吾人潸然淚下，俗語：老不搬家爲宜。

上山有一小道，兩側樹木，雜草非常茂密，小路雖已經舖了水泥，但因潮濕，長了青苔，周將軍途中跌了一跤，脊椎骨受傷嚴重，穿戴鐵骨支架，日日毅力練習走動，當年已過八十餘高齡，在北新國小早晨運動，健步如飛，令人欽佩，米壽山友在建國路三九菜館爲他慶祝，酒香菜精，頗爲愉快，不料九十歲未滿時、也往生天國、眾山友不勝悲悽，老天無情、奪走好人生命。另同伙登山者有國校教員魏老師，有一天，要我當她的面賦詩一首相贈，好似考試我的功力，我即開頭唱了起來：「萬綠叢中一點紅（指當日山友只有她一人爲女性），伴登五峰樂融融……」第三句思索頗久，得不到佳句，正在搖頭晃腦大家尋找佳句時，突然下起驟雨，雨來的很巧，孫教授說：「忽然一陣滂沱雨」，第四句大家還沒文思的影子要下山了，但她早晨來忘記帶雨傘，男的爭著爲她打傘，這時的山景，雲霧迷濛，我那靈感不期而來說：「雲山迷濛階階情。」定名爲五峰山遇雨——「萬綠叢中一點紅，伴登五峰樂融融，忽然一陣滂沱雨，雲山迷濛階階情。」她非常喜歡這首打油詩，一同登山很久，她還會背誦出來，但自她丈夫往生後，再未見她來一同爬五峰山了。

大乘同淨蘭君、道教玉皇宮、密宗藏經樓等三座廟，因北二高施工拆除（註），現變成空地，鐵絲網圍起，不能進入，惟山邊空地頗難得，加上山道修整平坦，藏經樓於半山腰重建三層樓，將來完工會有一翻新氣象，大峽谷中新店市公所使用廢小火車枕木修成台階，登山行人再也不怕泥濘了，這是市長曾正和的一項德政，大家都非常稱讚，國民黨選對了老實人，但幹了市長再選市議員，未能當選，惜哉！

有一天清晨四時登山，行至萬善神小廟上方時，天雨剛放晴，流水潺潺，在登山小路的樹林隧道中獨行，蟲聲唧唧，流水悅耳動聽，一點也不感覺害怕，順著小廟的燭光前進，恍如置身世外桃源，忘記塵世間的煩擾，當雙眼脫離了小廟燭光，剛適應天空銀河星光時，樹木隧道也出現一道銀河，成千上萬隻的螢火蟲翩翩飛舞，閃閃發光，好一片燦爛星斗點綴著林間的夜空，我蹲下來，屏心靜氣的觀賞，好像在做夢，沉醉在點點光芒的群螢中，漸漸的東方發白，群螢漸稀，我才好夢乍醒，一位老先生在小廟神前燒第一柱香後，也由台階爬上來，我向他說了成群結隊螢火蟲的情形，他半信半疑和我一齊登上山巔，東方紅日將要躍出燦爛雲峰，好美！好美！

近山巔處，有三座墳墓，最高的一座埋葬的是民初黨國大老屈文六先生，民國六十三年先總統蔣公曾贈頒頌言：「永懷耆宿」，下有金剛上師塔墳，邊有金剛上師佛事略花崗石碑，左有戚周八公及朱夫人、戚昌公及董夫人、父子雙墓、係其孫畫家戚維義由別處遷葬而來，往上有報恩亭，係記載屈文六先生做官與信佛之經過，與對國家的貢獻。再前行至山頂遠望，商人不顧水土保持開闢建地，曾引起七張住宅區水患，數百戶百姓忍受水淹之苦，而商人從未赴災區致歉及賠償，那時的老百姓老實沒有一點抗爭，自認倒楣而已，吾人之住宅水深及腰，地下室灌滿了水，一樓損失更重，給水設備邊化糞池也損壞，樓上水塔污染，而整治抽水設備所花每家平攤約二萬餘元，與看工地員工談天，他表示他老闆是個慈善家多麼偉大，我則不以爲然，而將灌水事實告知爲老闆吹牛的員工：「他老闆是個有錢無德的人。」不值得人們尊敬，迄今該宅地荒蕪在那裏，坡陡政府限制開發，乃是罪有應得。因爲台灣農業（檳榔）高樓上山，造成近年來山崩土石流，災害對台灣環境衝擊污染，付出社會重大成本，該山坡地雖做了水土保持，但坡度太陡，且下爲新店廢棄煤礦，根本沒有再建房子的可能，如果政府允建時，必是官商勾結，衆山友皆說要立刻檢舉違法開發，爲民衆留下晨間活動的空間，乃是政府的責任也。

這是一篇記述文已約三十年之久，山友周建中，李錫甫將軍（張仲文電影明星的丈夫）、周道如（第一銀行安全主任、戴笠將軍財務秘書），均已仙逝多年，今日吾人左腿骨折，不良於行，重讀斯文，仍像在目前，令人懷念當時聚會吟詩，茶話古今的快樂融融。西元二〇一〇年夏五月十六日修正，回憶老友風儀和快樂生活，喜憂參雜…這就是人生吧！

註：北二高新店段東移山邊共增加預算29億、如不移時統指部搬遷要五年、費用35億、移山邊政大、新店遠離噪音，是郝總長持往報告，經國總統在病榻上批准的，德被了新店百姓，也是我在國防部作了件好事。

七、參謀軍官應有的素養

中校營長鄭薛亞

今日反攻復國的戰爭、是以寡擊眾的戰爭、是以弱勝強的戰爭，是黨、政、軍、民聯合鬥爭的總體性和面形的戰爭，是陸、海、空軍聯合作戰的科學戰爭，因此，其計劃作戰的參謀作業，日增重要與繁鉅，且經緯萬端，對指揮官之決心影响力益形加深，所以，選擇充任參謀之軍官，要求之素養特別高，謹就拙見，提出犖犖大者數項箴青於後：

一、足智多謀：反攻復國的戰略構想，是三分鬥力，七分鬥智的戰爭，因為我兵力劣勢，應以智慧彌補戰力之不足，且要運用謀略，增加敵人內部矛盾，轉移其既定目標，引導其進入錯誤方向，且要深謀遠慮，知戰之時，地，與部隊運用，機動計劃與實施似鐘錶般的準確，使聯合戰力行高度的發揮於決勝點上，以殲滅敵人有生力量，轉變敵我優劣形勢，打破敵我力量平衡，爾後進行決戰，獲致偉大的勝利。

六、責任感與榮譽心：傾注全智全能，主動負責，協助指揮官達成任務，為參謀軍官責任感與榮譽的具體表現。因為責任感與榮譽心強的參謀官，常能於作戰勝利絕望的場合，奮鬥仍然不懈，傾注全智全能，協助指揮官發明創意的戰術作為，積極的採取攻勢，而造机、握机，強制敵人於不利的場合會戰，打破敵我戰力平衡，變不可能為可能，而獲致勝利。

三、熱情與真誠：熱情，就是高度的人情味。真誠就是对人誠實厚道。總括言之，就是不自欺，不欺人，能容人，能助人，說實話，做實事，如此的高潔品格，於遠離主戰場，代表指揮官行使指揮权的場合，其力量足以獲致部隊的信賴與合作，發揮統御力與精神的感召力，而導致全戰場的密切配合作戰勝利。

四、科學的新知：今日的武力戰爭，為陸、海、空軍聯合的科學戰爭，其作戰計劃與實施，均為陸、海、空聯合軍種的聯合任務，故今日的參謀軍官對軍事科學的發展，以及科學對裝備、編制和部隊運用的影響等知識與學術，必須充分的瞭解其性能和運用技術。否則，實難應付今日作戰的各項複雜問題，故以科學的新知，乃是參謀軍官重要素養之一。

五、協調與合作：參謀軍官協助指揮官遂行作戰任務，最重要的一個精神素養，就是協調與合作，因為軍隊作戰之先，必須幕僚組織內，先能協調合作，始能提供至當的狀況判斷，指揮官下達至當的決心，爾後擬定卓越，綿密，完整的作戰計劃，適當的兵力部署，統一的指揮，確實的連繫，嚴密的管制，發揮統合戰力於決勝點上，而擊敗敵人。

六、良好的參謀寫作：參謀作業日趨繁鉅的今日，參謀寫作切勿繫於文牘，為敘述瑣碎的事務所羈縻、而陷於沉滯呆板、致遺誤戰机。務求今日參謀寫作，有高度的水準，合乎統一、清晰、簡潔、連貫、客觀、完整的原則，俾能適時提供指揮官正確的情報資料，而掌握戰机致勝。

總而言之，今日由於戰爭形態的多變、與科學的日新月異，火力急劇發展，机動速度驟增，戰況瞬息萬變，參謀軍官必須俱備上述素養，才能在戰況變幻迷離中，與龐雜紛歧的情報資料中，立即找出問題的核心與相關的諸因素，分析歸納、邏輯推理、發揮主動創意、以協助指揮官下達決心。尤應隨時注意確保思考之自由心机靈動，迅速反應狀況之推移，使能促使作戰行動得到至當的修正，而殲滅敵人有生力量，達成任務。

註：

民國六十六年，責我修正固安計畫秦示向俞前部長請益，呈此文鈞閱後說：「參謀軍官是沒有姓名的」—爾後我即以此語為左右銘，而直到永遠。

八、新年展望與我們應有的努力

陸訓部論文比賽第一名
時任二士校少校訓練官

春回大地，萬象更新，中華民國已隨著時代巨輪的推移，邁向五十五年的時序，值此時移歲轉，展望時事，俄毛為爭取共產世界的領導權，內部鬥爭正烈，由理論的爭執，而侵略行動的不協調，甚至邊界互向射擊，在在都表明了分裂越陷越深的象徵；越南戰爭梯階式的日趨升高，美國雖以陸海空聯合的無限戰力，亦難達到迫和北越的有限目的，甚或已顯出戰有所苦，退有所難的景象；朱毛共匪為發展核子武力，以渴澤而魚的方法，瘋狂搜刮人民，造成餓莩載道，人民求生不能，求死不得的慘狀；阿爾及利亞政變亞非會議的再次延期，與其支持印尼共黨叛亂失敗，而部分亞非國家仍沉迷不悟；以法國戴高樂為代表的姑息投機份子，其姑息譸張的結果，弄得世界黑白不明，正義不張，陷反共陣營於意見紛歧之中……，以上種種事實，致世界邁向紛紜錯雜，陰晦迷惘的形勢中，國際這一形勢，表面上將增加我們許多困難，但如撥開雲霧，仔細觀察，客觀衡量其實質，則可發現正是我們開啓國家中興契機的最佳時機。因為，俄毛鬥爭必定削弱共匪的侵略力量。共匪壓迫人民過甚，則必激起人民的強烈反抗。越南戰爭的日趨升高，永不能解決的關鍵，責在朱毛匪幫，必為愛好和平國家所摒棄；亞非會議的延期與印尼共黨叛亂失敗，表示大部分中立國家已經覺醒，認清了共匪的醜惡面目。國際姑息主義的譸張爲幻，才顯出我們堅定立場的可貴。因此自由世界有遠見的人士，認爲亞洲危機已到最後關頭，解決越戰及亞洲危機，確保世界和平之道途，是幫助中華民國反攻大陸，開闢第二戰場，消滅禍患根源——中共，美國對此雖諱莫如深的不願討論，或以爲滋事體大，問題複雜，不願面對現勢，但大勢所趨，將來美國非走這條路子不可，耶穌聖誕節停火復又開火，乃是鐵的證據。先總統蔣公高瞻遠矚，早爲越戰下了結論：「不管美國投入多少兵力，犧牲多大，都不能解決越南戰爭，而唯一的辦法，是中華民國反攻大陸，摧毀禍亂根源——中共，越南戰爭自然解決了。」最近先總統在對美國新聞週刊記者馬丁的談話中復提出「組織亞洲反共聯盟，支持中華民國光復大陸，摧毀共匪核子設施，密切注視毛匪澤東之陰謀等四項建議，作爲挽救亞洲危機，解決美國在越南進退兩難之道」。名政論家陶希聖先生「在越南戰爭升高與擴大並論國際政壇和談歧勢」專題報告中結論謂：「我們看得非常清楚，第二戰場之開闢是不可避免的，也只有開闢第二戰場，才能解決中國和亞洲問題，我們今日的努力是以備戰迎敵，乘勢反攻爲目標——。」所以五十五年的來臨，展望世界大勢所趨，潮流所至，革命光明遠景，個人前途宏大希望，與夫反攻復國勝利契機，就在我們的目前，吾人處此前夕，爲計出萬全，保證勝利成功，事半而功倍，應努力下述數項，以迎接勝利！

一、**完成精神戰備**：反攻復國的戰爭，是一個中興事業，也是一個驚天動地的非常事業，自來中興比創業更難，因爲中興不僅要從失敗中從頭做起，從廢墟中奠定再造，更要從被擊敗者敵人手裏，重新挺起把敵人擊敗，如何完成這艱鉅的事業，除在有形戰備上精益求精，力求壯大自己外，尤須培蓄無限的革命精神潛力，以期絕對性的壓倒敵人，是以當此反攻復國日益成熟之際，爲了促使勝利早日來臨，完成精神戰備，乃是最重要的工作。精神戰備是一種無形的戰力，決定勝利之數，乃十居其九，其來源爲發自革命幹部精神與意志修養，在戰勝敵人前提下，我國軍幹部除以先總統手訂「新剿匪手本」第一篇「發揮戰力之泉源」修養自己外，並要去瞭解敵人，因爲唯有瞭解敵人才能超過敵人，制服敵人，其具體的作法爲全體幹部認識「爲三民主義救國救民而戰」必勝必成，實是唯一的真理，及修得「軍人精神——智、仁、勇」三達德，與抱定「雪恥復仇——生死榮辱，在此一戰」之決心，並以「張四維、重氣節、守紀律、嚴賞罰、忠誠與智勇、勤勞與「動」「通」「協同互助、團結奮鬥」等項目修養自己，與夫激勵同志，敦品力行學一切對準敵人，強化敵情觀念，以充分發揮精神戰力，完成精神戰備，迎接反攻復國之勝利成功！

二、精練反攻戰法：歷史上任何國家中興，任何戰爭旋乾轉坤的勝利，莫不是精練武裝部隊及制敵殲敵的戰法所致，所以孫子謂：「勝兵先勝而後求戰」即是此義，國軍爲達成勝敵殲敵的目標，在反攻行動開始前，應就反攻戰法妥爲策劃和精到訓練，俾提高戰力，枕戈待命，反攻令下，以達成對敵勝利的一擊，近年來有關反攻戰略戰術總統已諄諄指示甚多，諸如反攻作戰指導要領，剿匪作戰十二要項，對匪五大戰法，國軍將領反攻作戰須知，新剿匪手冊等，均爲精練反攻戰略戰術的經典，在此時此地我們應恪遵　統總心血與經驗的結晶，殫精竭慮，化爲部隊作戰行動，並因時因地因敵而制宜，自動自發加強訓練，達到最高標準的要求，諺云：「平時多流汗、戰時少流血」，操典上有云：「軍以戰鬥爲主，簡單而又精練者乃能期其戰勝克敵」，是以應百練精到，精益求精，勝益求勝，以贏得最後勝利成功！

三、精練戰鬥技能：所謂戰鬥技能，除戰略戰術外，包括射擊、投彈、障礙超越、行軍、搜索、警戒、掩護、連絡、僞裝、蔭蔽掩蔽、地形地物利用、土工作業，各種戰地運動等項目，全體官兵，人人必須精練嫻熟，始克有濟，俗語云：「藝高人膽大」，倘國軍將士均練就一付能打仗的好身手，一旦馳赴戰場，必能憑優越的戰鬥技能，旺盛之精神，從容不迫制服敵人，因此衡量部隊戰力之強弱，兵員之多少，裝備之優劣尚在其次，而主要作爲衡量標準者則爲士氣與訓練，又軍人對戰技，猶如千百行業中各具有一技之長一樣，從積極方面說，絕技在身就可格殺敵人贏取勝利，從消極方面說：憑優越之技能可以不爲敵所制，保存自己，繼續與敵週旋，吾人確切瞭解作戰絕無雙方共存與個人幸存之理，如能戰勝敵人，而不遭悲慘失敗之命運，就敵對的意義論，不可天真期望敵人弱過我們，只有刻意要求自己強過敵人，平時勤練精練，百練不懈，深信必能強過敵人，而勝利在握！

四、貫澈「毋忘在莒」運動：國民革命七十年的歷史告訴吾人，每次革命戰役成功勝利，都以革命精神發揚爲其主要動力，而且革命精神重振一次，革命事業就進展一次，「毋忘在莒」運動，就是掀起革命精神重振最高潮的運動，其所揭櫫的「堅忍不拔、精誠團結、奮鬥創造、以寡擊眾、主動攻擊、防敵欺敵、軍民合作、消滅共匪」等七大精神，全軍官兵上下，要普遍貫徹，從根本做起，從近處着手，進而發揮其影響力量，擴大其效率，掀起國軍革命高潮，發揮革命戰力，在反攻復國行動中，擊滅萬惡共罪，拯救大陸同胞於水深火熱黑暗地獄中。

總而言之，我們認清了反攻復國的時機即將來臨，反攻復國的行動，待發已似箭在弦，我們應加倍努力，完成一切反攻準備，奠定勝利之基礎。並且，一要做到精神戰備與戰鬥技能相結合——以樹立敵情觀念，一切對準敵人；二要做到戰鬥技能與戰略戰術相結合——強健之體魄與戰鬥技能之熟練，始能達到戰略戰術所賦予行動之要求；三要精神戰備與戰略戰術相結合——以培養旺盛之士氣，誓死達成戰略戰術所賦予目標任務；四要以「毋忘在莒」運動七大精神貫徹戰爭之目的，消滅共匪政權，完成復國建國，實行三民主義之艱鉅使命。

註：一、陸訓部訓練處長宋心濂將軍招見嘉勉，並頒獎金一千元約二個月的薪水。
二、為文時、蔣介石的反共復國政策仍在堅持，而舉行論文比賽以勵士氣。

九、詩話（一）

1. 詩話代序

吟詩如說話，何必限音律，
彫琢失真情，樸實乃珠璣。
敘我心中意，歌我情所寄，
敞開我心扉，快樂美天地。

2. 金門料羅灣垂釣 一九八五年春

料羅風浪小，天空白雲飄，
西線無戰事，一竿樂陶陶。

3. 自勉 一九八五年重陽日

喜用老端硯，陋室綺夢斷，
忘卻世間事，浯島作神仙。
閒時讀書樂，處事和爲先，
作人不喻矩，寬厚心自安。
鑑潭室不大，花香也不多，
惟竹勵志節，廉潔品自高。

4. 閒思 一九八五年元月卅日泰峰指揮所

雲天開闊處，一山復一山，
滾滾紅塵裡，老兵心彌堅。
處小而見大，一花一天國，
處大而見小，世事如沙粒。
滴滴綠意中，生命無止息，

淡泊此生志，老來彰孝思。

5.尚志 一九八五年於泰峰

仰臥太武巔，星月伴我眠，
懷抱大地綠，苦讀萬卷書。
足登天柱石，趣觀鶴戲蓮，
改善兵生活，坑道列優先。
空氣要乾通，肉菜魚新鮮。
誠與勤服務，禪靜心自安。

6.感懷 一九八五年七月廿五日泰峰

天涯浪跡長，拘謹轉放狂，
太峰尋舊夢，種花鑑潭旁。
文台觀海潮，賞月在古崗，
海印寺談禪，蝌眼品茗香。
榕園懷洪授，泛舟太湖上，
金城酒一醉，全牛在高庄。

淡泊吾生志，老萊學詩章，
夢迴柏城樂，盡孝在鄭庄。

7.思鄉 一九八六年中秋泰峰

雲朵懸太峰，扶欄觀海潮，
旭日騰躍間，思緒隨風飄，
秋到金風起，海印聽松濤，
旁亭賞月華，故鄉娘好否？
只要勤於事，功名不計較。

8.思鄉 一九八六年

泰峰日騰昇，金線千萬條，
霧來啓輕幕，心隨竹影搖。
露珠滴滴落，鵲早聲聲鬧，
夢享天倫樂，小草也微笑。

9.自勉心 一九九一年春

翩翩自勉心，文章崇自由，

愛讀選名著，官退靜淡修。
生平何為己，廉者不伎求，
回到故鄉日，奈何已白頭。

10.泰峰頂思親一九八六年

故國春到否，西望登太峰，
樹接無窮碧，水連五通清。
柏城天涯客，未忘娘恩情，
海印歸來晚，月華滿山徑。

註：五通——五通道，至廈門港；海印——寺也在金門太武山；柏城——西平縣古柏國。

11.憶慈輝一九八六年六月六日台北介壽館

故鄉村道似羊腸，松柏翠碧菜園香，
梧桐葉密夏風涼，祝我慈母壽綿長。
浪子乳名叫秀根，未忘親娘生育恩，
算來辭親三七載，作詩行間有淚痕。

淪落海角三七春，奈何隔海不通信，
不能盡孝心好苦，兒曾悔恨負親恩。

12. 憶故鄉 一九八七年清明

故鄉冬天趣味多，元宵雪地踩高蹺，
下雪不冷化雪冷，兒童池塘打陀螺。
流堰河堤柳樹多，清明柳絮渡清波，
村頭桃花香又艷，蜜蜂採蜜嗡嗡樂。
春暖花開晨起早，月掛梢頭鶯破曉，
柳絲含露點頭笑，雙燕比翼樂逍遙。

13. 憶幼時農村美景 一九八八年，二弟振國也

柳堰河曲抱村流，村頭菓園處處幽，
如梭鶯燕枝中戲，二弟玩耍滑塘頭。
村姑剪紙綉樓展，幼童陀螺轉不休，
跳繩踢毽較勝負，競放風箏天際頭，
榆錢青嫩救春荒，樂善世家九鄰求。

14. 自勉一九八九年清明介壽館二樓

心胸坦蕩萊根香，神定氣和意自揚，
博文約禮處世事，淡食養生體康強。
五峰山麓遠俗塵，春夏秋冬晴雨新，
從此卜居桃源地，更貴廬旁竹林深。
靜臥喜聽鳥鳴慣，閒坐愛看鶴翔遷，
心惰不談興亡事，山麓靜處有神仙，
自古人生皆鏡頭，九老閒話塔腳頭，
漫談台北花邊事，相對五峰樂悠悠。

15. 回鄉探親前記事一九九〇年台灣八仙樂園

清明艷陽榆錢肥，柳絮未飄燕南飛，
石橋堅真娘好否?明年回鄉春雨時。
明春花發思還鄉，同窗相逢意興長，
西平東街樓上會，醇酒科必舊日香。
流堰河堤柳飄絲，春暖花開晨起遲，

世局不寧江南去，流亡路上常悽悽。
寶島三月小陽春，日麗風和花如錦，
多元民主幸福島，清明祭祖羨煞人。
遠颱秋晴晚風輕，茶罷讀經柏廬靜，
山月銀輝似母愛，柔腸悽悽憶親情。

16.回鄉祭祖感懷一九九八年清明、父親金亭公

蓬萊萬里返征軺。四十載如斷根漂，
村道泥濘深及膝，重渠不見大石橋。
清明麥苗正芬芳，田野青青方正長，
祖地公社易了主，尙誇耕者功夫強。
童年清明記猶新；庄後祖塋仔細尋，
菓園祖墳都不在，游子悲悽獨行吟。
祖塋麥隴奠清罇；肝腸寸斷如失魂，
一九五九公社時，亭公飢病悲亡身。
壯年歲在五十二，公社爲何那麼窮，

病者應給好照顧，社幹冷血太無情。
頻訪親鄰煙霧裡，黃井小學尋舊址，
跪讀碾盤仍可用，絃歌已斷草禾堆。
自古禍亂起蕭牆，打富濟貧騙人狂；
明為黎民爭幸福，實為私慾爭霸王。

17. 歸鄉吟二〇〇一年四月三日

十年四度客還鄉，為向祖塋拜親娘，
心頭湧現慈容影，墳平碑碎好悽惶。
悔恨當年離桑梓，四十年歸心倍悲，
噏指幽明痛隔世，只剩哀吟祭魂詩。
柏城清明天乍晴，麥浪翻雲祭祖行，
墳平那焚招魂紙，今朝何為太無情。
中華文化似已空，為何平墳熱烘烘，
慎終追遠乃祖傳，今日自殘怪作風。
平墳是為增生產，生技時代乃笑談，

基因改良昌菓化，農村致富策略遠。
柏城當局要平墳，爲何賀年邀尋根，
斷碑始求修村道，毀墳修路嚇唬人。
農村窮困真愖憐，村道泥濘爛又深，
海外浪子心地好，捐資修路乃本心。

18.回鄉會同窗老友 一九九一年清明

一九九一合詠觴，同窗幸會喜欲狂，
人到暮年青雲改，酒醇菜香白眉揚，
莫愁老圃秋蓉淡，應惜黃花晚節香，
老眼心明觀世勢，青山夕照勝朝陽。

19.助修村道感懷 一九九一清明

柳堰河，綠油油，重渠橋下水長流，
白鷺飛，鯽魚游，斜陽光透垂楊柳，
講民主，享自由，和諧社會歌不休，
修村道，助讀書，滎陽堂第功德悠。

20.柏城風光一九九一年春

柏城風光佳，寶岩景最優，
洪河西天來，泓泓幞東流，
花香隨風飄，錦樹春黛綠，
老者居此樂，怡然卜長壽。

21.思修重渠大石橋毀橋經過三千字說明清楚、余發獎金一千元

柳堰河畔古渡頭，元朝大德石橋築，
重渠雙寨民稱便，市集熱鬧歌不休，
早年人物破四舊，何恨塊石也不留，
陸府倡導觀光化，何時偉橋再重修，
重現往昔風華秋，彩虹凌波不勝收，
魏灣堰西白鶴靜，和諧均富文化復。

註：重渠三孔大石橋，曾兩次重修，第三次宜改為彩虹吊橋、尋原石作基礎，請馮寨李艷李勇兄妹義務設計製圖、呈國務院撥經費建築、鄉民自由捐獻初期作業費，余將參與。

幞頭、包頭巾、洪河原穿城而過，改道後，形如幞頭。

22.遐思西元二〇〇七年作於台灣

柳堰河堤柳樹多，春來柳絮浮清波，
魏灣以西堰儲水，百姓船遊真快樂，
重渠雙寨吊橋索，農產運銷賺的多，
生活改善富必然，民主自由天更闊。

23.惜春二〇一〇年雙十節

老家三月好踏青，盼來通航縮旅程，
庭院杏花色已淺，村頭梧桐替桃紅，
庄後祖塋早平去，重渠石橋已無蹤，
清涼三教寺安在，柳堰河水何日清。

24.驚聞楊老師國瑞作古清涼寺小學六年級任一九九二年作西平

世事變天生計艱，幸能安居柳河畔，
恂恂中土飽學士，驚悉作古二十年，
立碑紀念同報恩，慎宗追遠代代傳，
中華文化必恢復，兩岸和平千載還。

25. 家居台灣新店原野公園邊頌二〇一〇年十二月十日八十歲翁作。

我家居住小山邊，開窗綠意滿眼簾，
四季繁花綻山坡，春櫻一枝驚紅艷。
小山原來是公墓，移走枯骨變公園，
塔縱亭榭遊息處，球場童玩樂翻天。
夏溫較低三度半，冬暖陽光照榻前，
翡翠水庫崇自然，水質優良冠台灣。
位在東南空氣潔，雪隧北宜通溫泉，
地下排水已接管，不怕颱風驟雨淹。
信仰崇拜土地公，對門還敬帝玄天，
年演地方戲三次，善男信女都樂捐。
捷運站離三百步，公車路線更方便，
社會福利辦得好，老殘優待不要錢。
北新小學一牆隔，絃歌悅耳書房間，
儒道釋回自由信，多元社會天好寬。

晨間運動互道早，互尊互敬享溫暖，
超級市場貨物多，傳統菜市魚蔬鮮。
德正小街美食精，便利商店兩三間，
健保制度最滿意，醫院診所隨時看。
老者居此真快樂，怡然百歲人過半，
孫兒爺爺奶奶喊，子媳早晚道平安。
阿彌陀佛兩三遍，讀書澆花也不閒，
老鄉還有什麼願：遐齡再住三十年。

註：溫泉——指礁溪、烏來二地溫泉。

26. 園藝教授楊紹溥頌 河南大學園藝系畢一九九八年作於樂園

千色杜鵑朵朵開，品種改良四十載，
陽明山居性怡淡，頌兮花神世間來。
茶花品改著力推，萬紫千紅驚紫微，
東西學者都來賞，名人榜上有一筆。

註：任八仙樂園花卉顧問多年，繁花娛賓著有績效、惜未擴大種植。

27.閒話一九九九年作

原野公園透春輝，老者興起相對圍，
塔腳友朋茶當酒，白老嗜酒呼乾杯。
新店景美雙雙溪，白雲群鶴相伴飛，
五峰山徑長十里，竟日無事隱釣磯。
密宗體空金剛師，五峰山腹茶毗逝，
五粒舍利瑩晶在，一朵心蓮風月知。

註：山腹建藏經樓供舍利。

28.馬輔老喬遷內湖有感丁卯季秋

爬山廿載仰高風，每遇笑談話不窮，
一樓一崖成好友，那堪揮別各西東。
人生聚散似游魚，偶爾相逢即不虛，
倘若諸君雙履便，內湖坡盧是新居。

29.和馬輔老遷居內湖丁卯季秋

峰峻六百階腳輕，秋山曉雲彩千層，

輔老九二爭先上，詩歌唱和樂融融。
週日相逢已不虛，伴登五峰心共曲，
此間山友本已少，爲何喬遷內湖居。

註：遷居內湖夫婦期年仙逝，老不移居為宜。

30.登山遇雨贈魏女老師丁卯季秋

萬綠叢中一點紅，伴登五峰樂融融，
秋曉一陣滂沱雨，雲山迷濛階階情。

註：爭撐傘遮雨，諸君子隨性共作。

31.遊河西走廊——嘉裕關、祈連山

西陲天塹古朔方，塞動戰笳興大唐，
中西孔道險絲路，遠出大漠建屏障。
土墩峰火傳相望，刁斗森森古國防，
玉門路柳紅似火，漢威遠播達蒲昌。
遠出波斯橫大漠，塞上天國綠洲多，
烽燧火升傳敵蹤，英雄殲虜凱歌和。

白楊瑟瑟嘉裕關，紅柳悲風淚不乾，
平沙無痕白雲捲，雪映胭脂透祈連。
烽燧殘堡漠地平，牧草豐美騮嘶風，
長城雉堞環山丹，胭脂染地雪迷峰。

註：西元一九九五年、乘火車遊河西走廊。胭脂染地，紅色土壤也。

32.居庸關記遊

大漠風狂沙山動，嶺峻雲繞石崢嶸，
塞外原野大軍集，固我北疆戰茄聲。
太行嶙峋危難行，瀰餘河上堅固城，
古稱天險軍都徑，男兒功名在居庸。

33.賀蘭山景色河套灌渠縱橫如江南景緻

青銅牛頭鎖河門，幹渠十四織羅巾，
塞外江南米之鄉，賀蘭山下桃林深。
黃河滾滾賀蘭高，雪峰皚皚接雲宵，

西元 2000 元 9 月與好友陳連信、郭長榮遊月牙泉

禍延流域富寧夏，塞上江南西河套。
巍巍賀蘭山，崢嶸天際頭，
黃河繞東闕，平疇沃野秋。
渡頭皮筏飄，農墟裊炊煙，
日沉無邊色，嘶嘶風動沙。

十、詩話（二）記述世事、隨興而作、平仄不論。

1.祝維公前國防部長九秩華誕 西元一九八六年同作

大德岡陵毓壽英，維揚軍威著奇功，
將幕韜略比孫武，軍幕嘉謨莫與京，
福如東海長流水，壽比南山不老松，
康碩無愆期願祝，寧靜杖朝弼元戎。

註：鄭肇亞、羅順德松鶴瓷盤祝壽存金門紀念館。

2.維公乘727機觀哈雷慧星紀事 一九八六年四月一日

宇高慧星又復現，舒脫紅塵三千願，

蒼芎遊蕩七六載，今年又來肇災難，
與他相遇刹那間，你我飄浮太空見，
浩瀚宇宙任敖遊，抓著慧尾盪秋遷。

註一：慧星——俗稱掃帚星、不祥。敖遊：語本詩經。

註二：維公云——幸運今生兩次看到哈雷慧星。

註三：始末——英、愛德蒙哈雷發現，隔七十六年重現時已逝，而以其名「哈雷」為慧星名，以紀念其先發現。

3.視察金門歸途中由727機上俯瞰台北一九八七年秋

千條小溪滙大川，夕照虹橋凌浩瀚，
觀音大屯翠相峙，金湯永固虎牢關。
阡陌縱橫美如畫，車陣如龍蔚奇觀，
千丈高樓覆盆地，此乃仙境非人間。

註：虎牢關——在河南省、春秋時鄭國西界。

4.推背圖西元二〇一〇年中秋

聚散一杯酒，江山萬里心，

好友情常在，風雨各飄零。
想到秦始皇（焚書坑儒暴政虐民），承者毛澤東（批孔揚秦清算鬥爭）。
仁者孫中山（平均地權民生經濟），勇者蔣中正（劣勢抗日進退失時），
智者蔣經國（均富愛民爲治者範），還有鄧小平（黑貓白貓救國救民），
墓塚都還在，盛名都是空，
山河雖壯麗，但在自毀中，
末日剎那間，誰能話西東，
世事難以料，誰是劉百溫，
最貴民族心，樂善乃永恆，
中國那盤棋，仁者致和平。

註一：這個年頭，黑白不分、殺人魔王、張獻忠、李自成成了農民英雄。

註二：西元二〇一一年，日本910地震、核、火災、海嘯齊降、慘、慘、慘，報應乎。

5. 悼好友李炳松學長歸主懷（一九八六年三月悲悽而作）

懷遠堂中紅顏恨，噫兮夢斷北投春，

揮淚五指山麓祭，淒風慘雨到黃昏。
暮春時節梨花雨，子規泣血傷別離，
萬縷柔情繫不著，五指山上化春泥。
黃鸝伴妾弔君魂，風飄翠帶曳羅裙，
嬌嬈於今有誰惜，妝台眉鎖遠山痕。

註一：同窗好友（官校、石牌）慶留德歸來，同室於鼎興營區，研究追國防醫學院在大護讀書的章慧菊嫂，慧外淑中，待人寬和，夫妻恩愛非常，結婚十年，不幸肝癌離世，又因佈署岸炮與長官爭執，致壯志未酬上校退役，惜哉。

註二：五指山：國軍公墓地。

註三：住北投寓所。

註四：懷遠堂：石牌榮民總院公祭亡靈場所。

6.大香山頌西元一九八九年秋作

襟山帶水景天設，登臨石徑深幽絕，
春深桃花香十里，雲峰翠柏接天闕。

寶刹座東面九陵，陵陵交臂步步陞，
山花處處玫瑰繞，金殿輝煌翠色濃。
屏壁千仞靈秀山，慈音岩峭白雲懸，
紅魚聲傳五潭涯，五教聖地宇大觀。

註一：大香山慈巖寺：位於新店五峰山巔。
註二：九陵：寺對九條山脊、交錯騰昇、氣勢非凡。
註三：五潭：新店溪的直、青、土、碧、灣潭等。
註四：五教：儒、道、釋、回、孫中山。

7. 十君子 唱和共作，二〇一一補記。時約爲一九八九至二〇〇〇年間。

週日晨聚君子緣，同登五峰心共閒，
泛談世間喜樂事，松柏歲逾一千年。
年老塵緣已了了，歸隱行善陶養好，
榮華名利置度外，優遊山林樂逍遙。
遊罷五峰日三竿，華中街店共早餐，
燒餅油條豆漿濃，輪流結帳不爭先。

老大喬遷到吳興，群賢畢至樂融融，
瑞祥紫雲環挹翠，二重山下壽長青。
世事渺茫迷覺感，末世預測多災險，
兩岸文化顯無力，禍起蕭牆恐必然。

註一：十君子、李如初、孫彥民教授、馮德壽醫師、彭俊豪台電工程師、李錫甫、周道如財經、萬民肇、楊元法情治、鄭肇亞、周建中將軍。又周道如曾任戴笠的財務秘書。

註二：西元二〇一一年時，孫、馮移民加拿大，兩李兩周均已往生。楊、鄭、萬、彭尚有電話連絡，不復登山矣。

註三：挹翠山莊有瑞雲路、紫雲路、祥雲路三條環山建築，頗具詩意。

8. 登山樂十君子共作唱和

巒山君子無俗心，寺前茶藝滌凡塵，
登高淡忘世間事，及時行樂留著春。
攀岩尋蘭在深山，步步升高白雲間，
懸崖古木名蘭現，歡聲迴盪九重天。

懸崖古木名蘭生，雨滋迎風裊裊動，
千覓萬尋驀然現，凱歌驚起虎頭蜂。
註一：五峰山中有春蘭，開一朵白花奇香。
註二：登山見蘭採時虎頭蜂攻擊，幸未動其巢。

9.金門古寧頭戰役大捷卅五個週年紀念西元一九八四年作
古寧頭勝顯世功，國府旗飄擎天峰，
戰鼓聲穿下弦月，坦克鱗甲動秋風。
火燒戰船驅夜黑，血染大地片片紅。
全軍破敵合天意，金湯永固障台澎。
註一：古寧頭：是西北角林厝、北山、南山三個自然村總稱。
註二：坦克：為M5A1戰車現陳列館前，代表首功也。
註三：擎天峰：在太武山最高處，現為觀測所。

10.金門擎天廳頌西元一九八六年中秋歌舞慰將士
巨靈神劈花岡岩，洞開百畝不知難，
都說岩堅無樑柱，鬼斧神工冠台灣。

形如兜鍪太武山，橫鎖金廈五通關，
不爲封侯光復志，誓擊青天白日還。
浯島中秋風雨日，同歌和韻晨起遲，
峰峻翠竹雲霧繞，夢回柏城盡孝思。

註：台灣歌舞團在金門擎天廳演出，余觀賞後已深夜回泰峰指揮所、雲霧迷漫、車行緩慢、到泰峰指揮所已深夜矣，登榻睡蟲已來。夢回柏城與慈母相會訴衷情，聊慰相思之苦。

11.鑑潭春意濃西元一九八五年仲春

浯島色碧透春輝，客來鑑舍相對圍，
三友閒話茶當酒，猜拳行令呼乾杯。
綠竹桃花伴青松，鴛鴦鑑潭雙意濃，
形影隻單黑天鶴，游來頻鳴沐春風。
鑑舍近在小潭邊，開窗翠竹動眼簾，
長尾鵲雀迎春曉，松鼠喜春躍林間。

註：太武指揮官有兩個住宿地，泰峰和鑑潭，舍週都種有翠竹、青松和桃樹，並

種草花怡情。惟泰峰無水塘，但可望到海景更美。

12.春雨圖西元一九八四年三月廿八日美齡蘭百朵盛開陽台升將軍吉兆

山坡一枝櫻花開，風雨佳賓陋室來，
天公作美及時雨，蝴蝶舞階蘭滿台。
春雨霏霏困黃鸝，人生如夢燕南飛，
歲月無情環日轉，柳垂碧波美如詩。
春夜無月萬里雲，風雨淅瀝枕上聞，
夢回柏城拜慈顏，晨起觀雨依柴門。
雨後五峰窺大千，懸崖潺潺掛匹鍊，
獨遊小子無定力，又思泰峰白雲懸。

註：公寓在北二高線上，由聯三作業、綜合政大、陸總、中科院建議路線案繪製在地圖上總長郝上將持往向經國總統提報，時已因病躺在床上，核可移往五峰山邊開隧道，增加預算二十九億，救了新店、也免公寓被征收，幸甚也。

13.晨光西元一九八六年七月三日

喜鵲摧我爬山去，菲國牽牛花滿籬，

幾點疏星伴殘月，晨光曦微心花飛。
日出雲淡新店溪，碧潭倒影翠欲滴，
花香船横白鶴靜，誰家琴韻出柴扉。

14. 寒梅敖骨一盆栽西元一九八五年春參觀新店盆栽展

盆栽雅士愛如珍，古木逢春真精神，
粉花微薰秀脫俗，天生敖骨一清品。
清瑩皎潔不染塵，玉幹勁枝忠爲心，
疏影横罇香浮動，騷人墨客小陽春。

註：岳父許火炎為盆景專家，台南師管區司令劉舜亢將軍學習剪枝培植盆景有成，惜余笨未學會。

15. 日月潭遊興西元一九八六年五月十九日

綺羅貴婦美名潭，長風颯然颺滿帆，
蒼翠潭心光華島，旁岸柳蔭繫客船。
潭畔林空一洌泉，清澄悠然賽琴弦，
慈恩塔鐘和韻遠，百鳥和鳴送春寒。

16.澎湖馬公港記遊西元一九八六年四月二十日

夕陽彩射映望安，虹橋懸掛海中天，
金菊遍地迎風舞，世外桃源塵不染。
春宵夢縈情不遠，伴遊愛妻蝶無閒，
馬公港角待月落，情繫老伴到百年。
黎明風雨雲霧迷，春曉乍晴林投窺，
榕園常綠森如蓋，長虹橋畔聽輕雷。
浯島兵燹生計窮，風夜星指浮來澎，
鎖管猶思還浦日，今梓竹灣大義宮。

註：林投：公園有林投樹、頗美觀。
浯島：金門。浦：後埔，鄭成功造船地。
鎮管：許姓初居小漁村。大義宮：關帝廟。

17.金防部戰技隊榮歸西元一九八四年八月廿二日

海上渡生日，龍王來朝賀，
掀起千層浪，艨艟金步搖。

夕時抵料羅，萬家美燈火，
樂隊迎榮歸，齊喝凱歌和。

註：足球隊擊敗陸總代表隊、榮膺冠軍。

18.贈宋立將軍小詩西元一九八五年秋林園營區

美哉清水巖，巖下泉涓涓，
雙鶴池中戲，錦鯉游經年，
龍嵐御雙劍，呂布戲貂蟬，
歸觀龍地勢，橫槊驚嘆還。

註：宋將軍任陸戰師長住林園，為馬祖同事。

19.人生第二春八仙樂園十年記事西元一九八九－一九九八年

白米甕畔春怡然，淡水夕照金滿岸，
觀音山翠濛曨現，八仙笙歌動客顏。
大肚路南四八仙，紅水仙溪水連天，
蓬萊避難五十載，心胸怡然如神仙。
真喜二春靜逸情，早到巡園緩緩行，

晨交園石爲好友，夕認雲霞作弟兄。
亂世早點歸隱好，壽登浩年計出巧，
人生功利宜守淡，竹勵廉潔品自高。

註：白米甕：高產稻田、米質猶佳。
淡水夕照：台北縣八景之一。
四八仙：大度路南有上、中、下三個八仙村莊、紅水仙溪南有八仙樂園。

20.論國安法 丁卯孟春書贈內政部蔣次寧參事同議國安法十分順利完成

次官輔弼和爲先，寧政法簡刑從寬，
參合眾議謀民福，事執中道定國安。
慧質綺姿琴書香，心繫璿圖芝業長，
蘭迎璧人登紫微，天縱瑤華美名揚。

註：承告其母為大法官惟未問其名。

21.解嚴日記事 西元一九八七年七月十五日賈南颱風後天午晴

七月十五天午晴，國府政治更清明，
願從此日和風起，萬眾齊心致中興。

解嚴乍晴好時光，荷塘風來撲面香，
世事昇平山如黛，詩成佳話樂安康。

22.訪南警部司令張墨林將軍感懷西元一九七八年作

碧空艷陽金風來，山茅輝映野秋色，
西望浪花層層捲，鐵壁銀頂古要塞。
中興俠氣露筆端，十年未見衛民安，
趣談千古心愈壯，靖國新論破愁關。
龍蟠虎踞萬壽山，佇立艨艟儀萬千，
志統百萬精銳旅，跨海西征復國還。

註：將軍為官校和馬祖同學、同事。以和與忍處理群眾事件、罵不還口、打不還手。

23.金門三友頌一九八五年秋作

浯島瘠土三友生，中山園林梅竹松，
鑑潭閒話佳山水，高莊牛酒兩三盅，
今夕別離咽管絃，他日寶島喜相逢，
介壽館中案牘影，心繫花香太峰頂。

註一：三友者：鄭擎亞太武指揮官、寧發鼎、姜明琳副參謀長。

註二：高莊：全牛大餐。介壽館：總統府也。

24.泰峰蠏眼泉 西元一九八六年端午節

懸崖密林一洌泉，蠏眼凝視象棋盤，
泉水已涸未稟告，郡王離世數百年。

註一：經國總統由內政部長吳伯雄、國防部長汪道淵陪同最後一次訪問金門端節慰問將士，早餐同桌，詢問泉名，余答其名，回應對！對！但該泉因山洞工程損壞乾涸，惟石砌的水池尚在。

註二：考証：延平郡王鄭成功會下象棋，不會圍棋，移至蠏眼泉前的石版象棋盤才是鄭成功用過的，不知何時由奕棋洞移來。

註三：經國先生晨吃了鮮牛奶、小米粥、蛋清、玉米棒、粽子一個，並說：吃飽了手拍肚子三下，親切可愛。睡的是他陪老總統來時的木床、大約兩坪大的房。

25.題清明上河圖 瓷版畫係陶瓷廠楊任群繪贈 西元一九八四年余任太武指揮官成為好友

清明時節風仍寒，河畔樓榭華且儼，

日照山嵐飛錦繡，蓬萊仙境在人間。
清明結伴河上遊，春色曉陽逐水流，
昔日衣冠今安在，浯島太湖弄扁舟。
碧水青山皆依然，上河百姓改昔顏，
避亂江左如鶴立，憂懷故國衣漸寬。
太武山巔習韜略，鑑潭垂釣頤心田。
思得奇謀齊奮起，橫戈躍馬定中原。

註：浯島：金門別稱。太湖：可泛舟。
　太武山巔：指泰峰指揮所。
　鑑潭：在擎天廳旁、翠谷進口處。

26.金門浯江橋頭觀羅敷西元一九八五年戲作

浯島秋色不勝收，小橋凝立待羅敷，
彩裙飄動溪水綠，倩影浮波去何速。
羅敷麗質美如詩，豐盈玉峰高對崎，
雲海如雪幻奇境，幽谷蘭馨無人識。

殘紅落盡雨新秋，斜陽紅葉滿眼收，
羅敷三月未出現，淡月半窗誰猜透。
美齡羅敷春來早，玉體短裙豐又嬌，
膚白姿亭青雲鬢，天縱淑啊芝質姣。

註：浯江：在舊金城北通海。

羅敷：有丈夫的女子，詳詩經陌上條桑。

27.東引島西元一九八五年清明天候不佳泊雨日遊作

崢嶸東引二重山，潮湧旭日映霞嵐，
忠義師強環中柱，屏障台澎磐石安。
峻峭群山虎踞姿，驚濤拍岸無定時，
風景壯麗冠東亞，展現萬幅畫與詩。
燈塔古樸二百年，朝陽透射波光漣，
仰高台上詩泉湧，景美石奇勝終南。
岩峭雲懸四尾山，老龍泊潭魚船安，
太白天聲干雲宵，岩頂黃菊舞姿姍。

萬人坑深濤聲緊，烈女含恨血石存，
龍船沙灣波如鏡，和尚看經超怨魂。
介石堤橫老潭泊，東引始與西引通，
濤捲港北驚千丈，中柱島南波不興。

註：一、東引：距台約90浬，古時為海盜出入之地。
二、忠義：救國軍之代名，指揮官王易謙、余曾贈賀詩一首。
三、龍船沙灣、颱風日漁船避難之海灣。
四、介石堤至中柱島、再連結西引成港並成橋。
五、太白天聲：岩壁海水沖擊聲尖而高昂。
六、萬人坑：海寇逼迫閨女下嫁，不從躍下含恨往生。
七、西元一九八五年東引港竣工驅逐艦靠泊開港。

28.賀國防部網球榮獲冠軍余任總領隊索詩以賀登精忠報

網球球隊士氣宏，黃埔湖畔逞英雄，
一戰將謀奇勝正，隱強擊弱下三城。
再戰窺到擊破地，揮拍輕取五比零，

三戰所向皆披靡，風聲鶴淚草木兵。
四戰力拚三比二，冠軍旗飄凱歌宏，
台北餐廳慶功宴，菜餚豐盛情更濃。

29.台北街頭、背影西元一九八四年夏時興超短裙

披肩長髮亮黝秀，亭亭玉立背滑溜，
玲瓏玉腿短裙露，輕移蓮步風擺柳。

註：台北衡陽街短裙玉腿乃大觀也。

30.舞會卡拉OK伴唱勞軍晚會西元一九八四年金門

美心燈綺更已深，才子佳人同歌欣，
雷射光耀醇酒香，歌唱樂和心連心。
音符綺思飛躍至，攜手漫步輕搖姿，
沉醉不辨東與西，人如海棠心如詩。

註：晚會上士兵躍上舞台同歌共舞，熱鬧非常。

31.湘綉展西元一九八六年豐原陳秀治刺綉、作家曉嵐爲文

班爛雙虎深雪行，寒透指瓜印芳踪，

白滿山川迷無路，長嘯迴盪群獸驚。
豐原小鎮風景綺，遠山横翠晨霧迷，
牽牛纏籬上屋角，湘綉雪虎透神髓。

32. 吏治西元二〇〇四年回西平探親，曾在會餐時書給駐馬店台辦參考

吏治如冰玉，官民似至親，
樂善和四鄰，和平不遠征，
玉坡酒盈庫，谷麥滿倉進，
文化復傳統，遍地笙歌聲。

註：這首小詩，是我當年對故鄉吏治的期許。並說：時代在變累積財富十九世紀在土地，廿世紀在勞力。廿一世紀在腦力，培植精英在教育、創造經濟、鬥爭不合人性，要切記。

33. 怡然百歲忘西元二〇〇四年五月作於西平半畝地台灣一〇〇坪而已

宅地約半畝，樓畔有方塘，
春日杏花紅，蜂蝶採蜜忙，
雲天塘浮影，月來如鏡光。

塘中魚跳躍，雞鴨喜鵲叫，
淨意夙業解，清心自然妙，
人生守著淡，怡然百歲忘。

34.與東北籍葉教授談故鄉西元二〇〇四年十一月十四日香港機場
寶巖復築法雨喧，洪河灣亭飄霞嵐，
歸來爲了尋舊夢，還從風荷憶台灣。
柏城重渠茅數間，夕陽炊煙杏花園，
村頭路平晨起早，方塘柳浮魚躍天。

註：葉教授說：破舊立新對中國社會破壞大而遠，改革要二十年始能復舊，吾人認為要五十年也未必能竟全功，依今日情形、參照漢武帝獨尊儒術費時百年。我的論點是對的。

35.車行八里時「綺思」西元一九八九年春
事執中道大，待人要量寬，
丹心如日月，愛施滿人間。
北望波中石，不與眾山連，

亭視孤且奇，一線千仞懸。
雞鳴起觀望，群山如點黛，
嵐帶繞青松，蒼翠億萬年。
玫瑰含露嬌，翠微色中溢，
園女展彩裳，黃鶯相競時。
大屯觀音峙，晚霞伴波時，
磯釣不在漁，揮綸乃自適。
永懷十君子，竹與園中石，
遙眺山河秀，悠然慰自思。

36. 八仙海景池晨眺西元一九九〇年春望
嵐繞盤龍霧籠山，紅水仙溪石滿灣，
樓峨人美毓世情，此是仙境非人間。

註：盤龍——廣場名。

伍、家　譜

一、鄭氏家譜序言：

中國人最重視孝道，西洋人最重視血統，中西皆重視慎宗追遠、尋根探源，保持種性優越發展，尤以自幼遠離故土的我，日日夜夜都想著尋找自己的根源，但西平縣史誌中都缺乏重渠鄭莊鄭姓源頭，移居新西蘭國的孫兒「宇宏」，詢問他的血統來源，加上去年底車禍，左小腿骨折，兩次手術臥床期間、思索評量故土重渠鄭莊，祖塋群存在的狀況、莊後祖塋群序列有二十三世、馮寨西祖塋四世，現在世者四世（嬰兒一）、合計爲三十一世，一世二十五年計算，鄭姓祖宗移來鄭莊有七百五十年，約在南宋理宗寶祐年間移居斯莊，名爲「鄭莊」。

祖塋群在莊東北角大片梨、李等的菓園中，開基祖塚高大，墓群座東北向西南，序列井然、因家譜無傳，名諱世遠久湮，世系難考，余西元二〇〇四年遊福建武夷山朱熹紀念館，始獲得鄭姓源流簡介，而據以追朔鄭氏血源和得姓始末，期能上承統緒、下紹啓繼，在台灣試撰家譜，並回故土尋找簡師學長王豐慶撰之東圈王氏家譜參考，及贈給之西平縣誌、周吳鄭王尋根取名、與中華通史（陳致平教授著）、綜合閱讀筆記，發覺撰寫家譜是很難的事。且族人同輩無大學程度者，下輩也不多，又是否有修譜之意願、乃末知也。但吾立志要修家譜、任何困難都要克服，並效司馬遷靜心修史精神，勇往直前、蒐集資料、獨自綜合撰擬家譜，寄往族中文化程度較高者，提供修正書函、共襄盛舉、相繼完成繁體、簡體、英文譜稿、印製成集、分送有關家戶、單位傳遠，並逐代修正、慎宗追遠、而倡孝道。

家譜依目錄蒐集整理撰述、並附生活照片等、期能文圖併茂傳遠，最後特別報告宗親、蒐集資料不易，倉促成冊、遺漏在所難免，逐年提出卓見、修正、增印、俾疏親能辨、崇祖尊輩、而能貽謀子孫、富貴吉祥、克承祖榮、凝聚族力、重視教育，發揚孝道、繁衍萬世、富貴康強，樂善和諧，祈我祖宗保佑我族生生不息，是爲序。

九十三世孫
台灣新北市 鄭擎亞 二〇一一年二月十五日

二、鄭氏源流：

鄭姓一族的血統來源於軒轅黃帝，姓氏則來源於春秋時鄭國。姬姓的周朝宣王西元前八〇六年封弟弟「友」在今陝西華縣東棫林，建立了鄭（伯）國，是爲鄭桓公。周幽王時，鄭桓公在朝中任司徒，見周幽王昏庸無道，預感將有變亂發生，向太史伯求教避亂方策，太史伯認爲東虢（今滎陽縣）、鄶（新密縣東北）兩國之間一帶，是較富有的地方，可以把家人和財產先移到那裡，爾後再用王的軍隊去佔領，就比較安全可靠了，鄭桓公依議而行，後來他的兒子鄭武公，乘周平王東遷洛（西元前七七〇年），用武力佔據了虢、鄶兩國疆土，重建了鄭國，又兼併了附近幾個小國，開疆闢土，東至蘭考，西至虎牢，北越黃河，南達許昌，縱橫約百公里，土地肥沃，交通便利、政治清明、民生富足、軍隊精壯，鄭國成了離周王室最近，勢力最大的諸侯國，因而穩定了東周政局，也奠定了鄭國四百三十二年的基業。至周烈王元年（西元前三百七十五年），被韓國所滅，鄭桓公子孫，以國爲姓播遷四方，鄭桓公也成了鄭姓的「始祖」。

三、鄭氏子孫播遷：

鄭姓的發源地，就是現在的開封朱仙鎮古城村——滎陽縣——新鄭縣，鄭國滅亡後，其子孫便散遷到河南、山東，安徽等地，因鄭姓郡望保守性重，故歷史上的鄭氏家族，種性亦較純正，族譜上的記載，脈絡也比較清晰。秦朝時，鄭氏第十五世鄭襲遷居洛邑、是謂「洛陽始祖」。

漢朝時，鄭氏傳至二十七世鄭奇，出任河南太守，懷念先祖奠業，及滎陽山川秀麗，便舉族遷回滎陽，而爲「滎陽始祖」。且其後代子孫繁衍，文化優越，發展爲天下鄭氏皆出滎陽的「滎陽堂」號，凡鄭氏子孫無論居住何地、皆將「滎陽堂」號，書於祠堂，或居所門楣，一瞧即知鄭姓人家。

鄭氏傳至三十四世熙，任漢朝太子詹事，長子泰爲征東大將軍，其後世遷居濟陽、揚州、泉州、信安、永泰、蒲田等地，形成南下世系，而爲「江南始祖」。

鄭熙次子鄭渾，傳至五十五世孫鄭慈明，官至唐朝丞相、兵部尚書，形成中原世系，而爲「中原始祖」。

西平縣鄭氏源流：依地域當屬「滎陽」和「中原」二世系始祖，但不屬由山西洪銅縣移來者，依據西平縣張連合先生編柏國姓氏尋根——鄭樓鄭氏來至確山縣。專探鄭氏溯至東漢，即居斯土。其家譜定秩爲：「守世天學鴻喜文，源克維廣書繼倫，道德修明君心泰，勛華樹立治化存」。焦莊鄭氏清朝中葉，由河北大名府東明縣土地張村遷來管莊，蔡寨鄭氏來自管莊及鄭樓。盆堯蓮花村鄭氏，清末由平輿縣遷來，居此已有三世。

重渠鄭莊鄭氏，柏國姓氏尋根書中無記載，縣史誌委員會作業人員告知，蒐集撰擬資料時，鄭莊鄭氏族眾多不識字，溝通不易，也說不清楚來自何地？何時？惟鄭莊居民雜姓較鄭姓爲多，幼時了解，鄭莊後東北方鄭姓祖墓群最大，整然序列在果園中，始祖墓塚特別高大，群墓座東北向西南，排列埋葬爲二十三排，通過至黃井村道到樊姓村民大門，圍牆外東西有七排，全部約百五十餘座，因無家譜傳世，名諱亦無法查知，清明前掃除雜草添墳頭，尋草地劃製，是頗不易而累人的事，文革後墳地，發現埋於地下古銅錢，多爲明清遺物，可能是族人戰亂埋藏後，南遷未回或死亡，而今發現成古物，不知存於何處。

馮案西祖塋埋葬四世有十四座墳，背依土岡，座西北向東南，風水頗佳，余西元一九九一年清明回鄉祭祖時、于歸上蔡縣無量寺鄉大張莊的鄭萬姑母告知，始祖塋埋葬的是「文祥公」，下埋三子——鎖、奎、厤子。故鄭姓譜系分三門發展：

長門——鎖公生三子，依序爲年成、年、茂營、僅次子年結婚生獨子深意。又生獨子滿圈，下輩四子——海雲、二雲、富海、中海，人丁興旺詳如世系圖。

次門——奎公生獨子泰，又獨子生金亭，下輩生三子、振華（改名擎亞）、於西元一九四九年避亂台灣、黃埔軍官學校二十四期步科，官至陸軍少將。獨子中一醫師西元二〇〇六年，移民新西蘭奧克蘭。次子振國生二子——中凱、中磊，分別移居廣東開平、羅定。三子振山生二子——中原、移居駐馬店。次子中民未婚。詳如世系圖。

三門——厤公生四子——長子怪生二子——結義、順。次子烈生三子——垛、斗、進財。三子存良生二子——鐵錘、鐵城。四子貴良生獨子——守義。下輩九十三世人丁興旺，有十八孫之說，詳如世系圖。

四、家譜輩字詩：

參考柏國姓氏尋根二六五頁、鄭氏朝安世系，在清朝乾隆時爲八十五世（西元一七六五年），距今西元二〇一〇年，增約二四五年，一世爲二十五年，約爲十世，現鄭氏族譜比照，當爲九十五世，鄭莊鄭氏族人在世者爲九十三至九十六世，馮寨西祖塋爲八十九至九十二世，莊後祖塋群爲六十六至八十八世，合計爲三十一世，族祖移居鄭莊約七百五十年（西元一二五八年），為南宋理宗寶祐年間，族人為逃避宋、金、元之亂、由故土滎陽或新鄭南逃，途經鄭莊深溝路旁，其必飢餓疲累不堪，見泉水淙淙流入池塘，喝飲甜美，而結草定居墾荒，故莊名為「鄭莊」。爾後各姓聚居生活，綿延至清朝咸豐、同治年間，鄭姓僅存一戶文祥公，與祖塋群埋葬狀況不符實情，在幾乎滅族的狀況下，可能發生流寇侵害我族，經查縣誌與中國通史，咸豐、同治年間，太平天國和捻軍作亂西平縣境達十七年之久，殺人如蔴，所過成一片廢墟，真是一場浩劫，西平縣人民分別構築四十七寨（註），以自保生命財產安全，重渠流堰河南北岸之重陽、重渠雙寨即在是時構築，維鄭姓當時僅存一戶，而綿延至今，人丁興旺，約一五〇餘口，時祖塋由莊後移至馮寨西，譜序由八十九世文祥公起，並參考專採鄭氏撰擬輩字詩如左：

> 文奎泰金振、中宇鴻天仁、吉成道修明、勳華治書勤、靖安君心慈、守世立德群、桂建學思維、源克威仲雲。

起名要領：輩字詩的一字為一世，一世為二十五年，四十字詩可供一千年使用，輩字下加一字，即為三字名，看名中間字即知輩份，敬老尊親、宏揚孝道、增進感情，遇困難時互助互救，光大族益，團結自強。

註：西平縣修築寨名——權寨、小劉店寨、鄭樓寨、師靈寨、關橋寨、王寨、譚店寨、鞏莊寨、油房張寨、呂店寨、西舞寨、合水寨、張老莊寨、薛寨、云莊寨、冶鐵城寨、同心寨、觀音寺寨、出山寨、酒店寨、劉莊寨、儀封寨、專探寨、李灣寨、衡坡寨、陳茨園寨、徐集寨、祝王寨、蔡寨、馮張莊寨、焦家寨、義岡寨、丁莊寨、陳老莊寨、重渠南寨、重渠北寨、王灣寨、盆堯寨、羅閣寨、金湯寨、永安寨、李莊杜寨、東牛莊寨、大藍寨、毛莊寨、張灣寨、云集寨等，合計四十七座，其中三座為民國初年築，餘為清咸豐、同治年間禦流寇——太平天國、捻軍之亂所築。詳如縣誌二十三年版。

五、滎陽堂號由來：

史載東晉永嘉之亂後，留居北方中國漢人士族大姓，血統不願與五胡相混，爲區分漢胡族裔，在姓氏之上冠以郡名，號爲「郡姓」，如范陽盧氏、清河、博愛崔氏，太原王氏、滎陽鄭氏（漢朝時爲滎陽郡），鄭姓族人自有組織，促進團結，提升地位、保護利益，慎宗追遠，克盡孝道。至隋唐年代，鄭姓族眾發展鼎盛，在朝中登科狀元六名，進士及第二十二名、官至宰相者九人，如此輝煌的望族，榮居「滎陽郡」，故現滎陽西南二十華里廣武山麓京襄村，為鄭國東遷都城之一，遺有城址，鄭桓公廟、石貢楳、點將台、老王門、墓塚等，為今後鄭姓族人尋根祭祖之處。鄭姓引以為榮、無論居於何地、「滎陽堂」都書於祠堂和門楣、代表居住者為鄭姓人家、榮耀永遠。

六、樂善家風由來：

幼年見家中裝糧的布袋上有「樂善堂」三字，不解其義，及長見慈母蘇氏文，悲憫施捨黃河決口逃難至莊的百姓，吾家雖不豐，但仍慷慨給之。來台娶妻許氏瑞娟、捐建廟宇和孤苦，濟助慈濟功德會。地震、水災等都非常的樂意感人，又捐棺材埋葬大陸沿海漁民，十分難得的慈悲心。余西元一九九一年春、回鄉祭祖時，遇雨村道泥濘不堪行，即倡議樂捐修築村道，村內書記劉銀坤藉平墳要脅說：捐村道可堵村民之嘴期共襄盛舉。先修鄭宅前巷道二〇〇公尺，再修南北農路四五〇公尺，續修小丁莊、黃井、馮寨、城西東圈王等五個農村，並立「樂善為鄰、奔向小康」紀念碑，彰顯鄭姓「樂善家風」的意義。特別記入家譜，勉勵後世子孫踐履功德，並訂定助學金辦法，助諸侄及村親子女讀大專院校，以啓迪後進「黃金非寶書為寶、萬事皆空善不空」、效法馬援銘言後世榮我族裔為目標。

七、鄭姓血統源於黃帝說：

鄭姓血統來源於軒轅黃帝，史說：人文初祖少典之子，距今約四七〇〇年前，黃帝爲遠古社會的社群傳奇領袖，其母因北斗星光射懷而孕，二十四個月後降生於山東曲阜壽丘、姓公孫，又長於姬水畔軒轅之丘（新鄭縣東北），故姓姬，號稱軒轅氏，崇尙土德，因之後世尊稱「黃帝」。相傳他有二十五個兒子，分爲十二個姓，連北方的匈奴也認爲他是中華民族共同的「先祖」。

古時、中國東部爲黃帝族群活動地區，中部爲炎帝族群活動地區，南部爲苗蠻族群活動地區，後來蚩尤率領其族攻打炎帝族，炎帝戰敗、求援於黃帝，聯合打敗了苗蠻族、並殺了蚩尤、爾後黃帝完成一統天下，因炎帝亦爲少典之子孫，故中華民族稱「炎黃子孫」，黃帝更成爲傑出民族共同領袖。

傳說黃帝活了一一〇歲，玉帝派臣龍接其昇天，人民難捨，扯下衣、鞋子、佩劍等、葬於陜西黃陵縣北一公里橋山之巔，並建有軒轅廟在橋山南麓，傳爲漢代所建（原在橋山西麓）、宋代移現址，西元一九九二年曾擴建，有黃帝手植扁柏，樹高十九、三公尺，胸徑十一公尺，俗稱七摟八拃半、疙里疙瘩不上算（註）樹齡約五千年，爲世界扁柏之另塚祖。陵為土墩，直徑十八公尺、上圓下方，合乎中國天圓地方，天地相合的觀念。另塚後山巔上的龍馭台，使人想到黃帝馭龍升天的古老神話。

註：摟——手臂伸直抱持。拃——母指、食指伸直距離。七摟八拃半，七個人手拉手摟不住、還有八拃半，其樹粗大可見。

八、建國元勳始祖：

鄭桓公：建國始祖鄭桓公（西元前七七一年）、姓姬、名伯友、周厲王之子，厲王無道，派衛巫監謗、道路以目、而發生民變，厲王奔彘（今山西霍縣）、周召共和九十四年、厲王死於彘、太子執政，是為「宣王」、國勢復興、武力強大，西元前八〇六年，宣王封弟友在「域林」建立鄭國（今陝西華縣東）。西元前七八一年，宣王逝，幽王即位，任其為管邦教司徒，以柔性施教，周民皆悅，聲名遠播。幽王無道，憂慮將有變亂、問計於足智多謀的太史伯安全之策，太史伯建議東遷虢、鄶之間，靜觀世變，待機而動。並獲贈十邑（註）之地，史稱桓公謀遷寄帑。正當桓公謀遷國時，周都鎬京（今陝西省長安縣）遭犬戎（古西戎族）攻下，桓公率軍抵抗被殺，幽王逃至驪山（註）自焚而死。桓公遺體葬在封國（今陝西華縣東域林）。

註：道路以目——兩人相遇，以目示不敢說話。

鄭武公：鄭桓公之子，西元前七七一年，周幽王無道，酒池肉林，並寵褒姒妃、舉峰火娛其笑，失信於諸侯，被犬戎圍攻下自焚於驪山、桓公亦遇難，武公聯合晉、衛、秦國勤王兵力、敗犬戎擁太子宜臼爲周平王，並把國都由鎬京遷往洛陽，史稱東周。由於護衛平王東遷有功，西元前七六七年，平王將八個子、男國地贈給鄭國（註），完成桓公重建鄭國的遺願，並恢復了在朝中司徒官職，而營建新都（今朱仙鎮古城村），推行新政，重視農工發展，而致富強，在春秋戰國歷史舞台上、活躍四百年之久，武公在位二十七年，西元前七七四年逝世後追謚爲「武」，史稱鄭武公。

鄭莊公：爲春秋時鄭國中興始祖（西元前七五七至七四一年），武公后武姜難產。不爲其母所喜，而取名寤生，其弟叔段生產順利，受母寵愛，但武公逝，仍旨寤生繼其位，是爲莊公，其母移居城穎（今河南臨穎）居住，後遷回京，莊公自建深及泉的地下道，會母親克盡孝道。後成爲春秋霸主，會盟衛、陳、許、葛、蔡、戴、滋諸國，征伐無道諸侯。後周平王率陳、衛、蔡會盟攻鄭國、爲莊公擊敗，開拓版圖東至蘭考、西至虎牢，北越黃河、南達許昌，縱橫百餘公里、由於地形平坦，鼓勵農工生產，交通便利、商業興盛，成爲當時最富有的國家，會盟霸主，莊公西元前七〇一年去世，追謚爲「莊」，史稱鄭莊公，鄭姓後世子孫永懷德澤。

註：一、邑——上古稱國為邑，王都也。

二、鄭國八贈國——虢、鄶、補、丹、依、管、鄢、祭等國。

三、鄭國東遷都城地：

㈠開封朱仙鎮古城村，築有城堡和墓地。

㈡滎陽二十里舖廣武山麓，遺有城牆、鄭王廟、石貢棹、老王門、點將台、墓地、西元一九八九年省定為重點文物、鄭姓後代尋根祭祖處。

㈢新鄭縣西北雙洎河、黃水河交匯處牛角城、鄭國亡後、韓亦建都於此，共約五百餘年，現城牆遺址仍可見。

四、驪山：在陝西臨潼縣東南，周幽王寵褒姒戲諸侯、被犬戎攻殺死難地。唐玄宗建華清池，蔣介石雙十二蒙難、兵諫亭均在此。

九、歷代模範人物：

鄭子產：春秋時鄭國人，為鄭穆公的孫子，鄭公子發的兒子，又名公孫僑，他的當政是鄭簡公二十三年，耶兵之會（註）後，鄭國滿目瘡痍，列強環伺中，用管仲治齊的法治，鑄刑書、嚴法紀、懲壞人、護好人、在民本的基礎上施政。其遊於耶校者詳論時政，有益者採納改革或參考之，因之上下有服、都鄙有章、田有封洫，盧井有伍，忠儉與之，泰侈斃之，他當政二十餘年，這個脆弱的小國，竟然復興起來，鄭定公八年去世時、消息傳至孔子，流淚曰：「古之遺愛也！仁也！子產有君之道四焉，其行也恭、其事也敬，其養民也惠，其使民也義，故是僅次於管仲治齊的大政治家。

註：耶兵之盟——西元前五四六年，春秋時晉楚爭霸，宋處於兩國之間。宋平公臣向戌與晉臣趙武有私交、在宋國召開十國（宋、晉、蔡、楚、衛、陳、鄭、許、曹、魯）討論息戰和平會盟，於該會後五年增加齊國，再會於虢國（今新鄭縣北）、息兵和議成盟、史稱「耶兵之盟」。楚晉戰鬥自此告以段落。

鄭國：春秋戰國韓國人，水利專家，韓國當時面對虎視眈眈的強秦，懼怕併吞，群臣想出一個計策，要鄭國到秦國勸說秦始皇，建造引涇河水入洛的大型渠道，企圖以此消耗秦國國力，使他無力東征，鄭國的遊說被秦始皇採納，但渠道還沒有完工，秦始皇知道了修渠道的來龍去脈，大爲震怒、要殺鄭國、鄭國辯解說，臣爲韓國執行這一使命，倒也確是事實、但此舉不過使韓國苟延殘喘幾年罷了，請陛下再想想，這條渠道建成以後、對秦國來說，得到的確是萬世之利，秦始皇聽了果然有理，便同意鄭國繼續建造這條著名的鄭國渠。西漢在這一帶建造六輔渠，白渠。唐代建三白渠。宋代建豐利渠。明代建廣惠渠、清代建龍洞渠，如今的經惠渠灌溉系統，次次都是超前的規模、嘉惠百姓生產力，福國利民，證明當時秦始皇同意是正確的決定。

鄭玄：漢朝北海高密人（西元一二七至二〇〇年），字康成，少時在太學受業，師事京兆第五元先等人爲師，又從東郡張恭祖受周官、禮記、左氏春秋、韓詩、古文尚書。後又師事馬融爲經學弟子，遊學十數年方回故里，復因黨錮被禁，隱居修經業，杜門不出，後黨錮禁解，玄避府徵皆不就，時孔融爲北海相最敬重玄之學問，下令要高密縣令專門設立一鄉，名爲「鄭公鄉」，又擴建了他門前的道路、新修門閭爲「通德門」，時人無不以爲榮耀。東漢末年，戰亂頻仍、避黃巾賊於徐州，建安元年自徐州北返，袁紹鎮冀州，特徵爲大司農，以病乞還家，卒年七十四，致哀赴吊者千餘人，門生滿天下。玄答弟子問五經，倣論語作鄭誌八篇，所註解經有周易、尙書、毛詩、儀禮，禮記，論語、孝經、尙書大傳等。又著中侯、乾象曆、天文七政論，魯禮禘祫義、六藝論、毛詩譜等，共百餘萬言，生徒並傳其學，稱鄭氏家法。摘自陳致平教授著——中華通史、後漢書玄傳。

鄭和：明朝著名航海家（公元一三七一至一四三五年）、本姓馬、小字三寶、回族、雲南昆陽（晉寧）人，內宮太監，儀表堂堂、玉樹林風、身強體壯、因參與「靖難之變」、而聖賜「鄭姓名和」，深得成祖信任，聖旨其率中國艦隊七次下西洋，訪問亞非三十餘國和地區，遠航宣揚國威，是世界的偉大航海壯舉，年六十因病而死，葬於南京市郊牛首山麓。

註：靖難之變——明初燕王朱棣率師入京，自立為帝。

鄭成功：明末名將（公元一六二四至一六六二年）、福建南安人，父鄭芝龍、清兵入關降清，成功遁入海島、據南澳、金門抗清，永曆帝封其為延平郡王，招討將軍，攻下舟山、福建諸府，惜未保持而轉取台灣、敗荷蘭殖民軍，據台奉明正朔，為中國偉大民族英雄。

鄭燮：清朝詩書畫家（公元一六九三至一七六五年）、字克柔、號板橋、江蘇興化人，乾隆年間進士及第，曾任河南范縣和山東濰縣知縣，有政聲，後因荒年請賑而獲罪朝廷，辭官歸里，賣畫為生，號詩、書、畫三絕，為揚州八怪之一，著有板橋全集。

鄭名鄉：西平新豐保管莊人，字君顯、生年不詳、清同治丙寅歲貢生、品方正、信老釋、通醫術、詩文，設館授徒，兼授歧黃，其門下多良醫焉。

十、現代模範人物：

鄭振鐸：爲文史學家、生年不詳、福建長樂人，筆名西諦、雨新，曾任中國科學院考古研究所長，國務院文化部副部長等職、著作頗多。

鄭昕：哲學家，安徽廬江人，字汝珍，西元一九二七年赴德留學，柏林耶那大學哲學系畢業，曾任北京大學哲學系教授、系主任等職，著有「康德哲學批判、康德學述、真理與實踐、開放唯心主義」等書。

鄭懷賢：武師和骨科名醫、河北新安人、生年不詳、自幼習武、擅長形意、八卦、太極等拳術，西元一九三六年參加第十一屆奧運會表演武術後，定居四川，專研骨科，著有「正骨學、骨科療法、摩手法、傷科按摩法」等書，並曾任中國武術協會主席，爲一代宗師。

鄭彥芬：學品如聖，望重台灣，廣東新會人，曾任蔣介石總統府秘書長，在時局混亂中，調和鼎鼐、穩妥和諧，致力中興大業、功績卓然。

鄭崇華：福建建甌縣人，父爲中醫師、西元一九四九年十三歲時隨三舅來台，一無所有，三舅在台中一中教書，得插班初二，以校作家，孤苦自持，喜讀短篇翻譯小說，和數理觀念科學工具書，而得到科學啓示，靠獎學金和家教、就讀成功大學電子工程系、效法蜘蛛結網精神，自強自勉持續奮鬥，三十六歲創業時製電視線圈，資金額三十萬元台幣，工廠員十五人，西元兩千年時，新力公司導入環保節能無鉛製程，台達電獲新力公司全部訂單，因製程嚴密，信用可靠，生意日隆、成立三十八年來無一年虧損，他堅持不領分紅錢，他說：「拿多了要怎樣，能吃的有限，人死了躺在棺材裡，帶得走嗎？貪財很愚蠢、企業賺錢累積起來，去做對社會有意義的事，改善人民生活，保護地球永續經營」。如今他的企業員工已達六萬人，年營收上千億，贏得全球百大低碳企業榮耀公司，如今產品橫跨電源供應器、通訊系統、電子書和電動車等領域，從流亡學生到企業家，一路走來，常抱回饋感恩之心，像孫運璿、李國鼎等前輩和許許多多人，協助台達電、始有今日成就，人不能忘本，時時記著報恩、回饋，鄭崇華爲鄭姓子孫立了標竿模範，特列於家譜，余西元一九四九年同爲流亡學生，與有榮焉，雖不認識，但啓發子孫效法蜘蛛結網精神、榮耀祖德，乃有相同的目標。節自聯合報。

鄭振華：字擎亞，生於西元一九三二年，西元一九四九年十八歲避亂台灣時，以字爲名、河南省西平縣重渠鄭莊人，因家貧而讀縣立師範，故以同等學力，於西元一九五一年考取鳳山黃埔軍校二十四期步科畢業，官至陸軍少將，喜讀史書，長於參謀計畫作爲、虛心就教、國軍精英前輩細密周詳布局全軍破敵之策，嚇阻巨敵，不敢越雷池一步，（註）致創兩岸和平繁榮環境，期中華民族富強康樂於永遠。退伍後，爲民間公司聘任十年，年八十餘歲仍體健腦靈，生活儉約，悠遊山林、詩歌唱和、樂也融融，回故里助學及修築村道，鄭莊、小丁莊、黃井、馮寨、東圈王等五個村莊。改善村民生活環境、並撰寫鄭姓家譜傳世，嘉惠桑梓、「樂善爲鄰、奔向小康」，村民立碑紀念，以勵來茲。

註：雷池：界限之意，本晉書庚亮傳：「足下無過雷池一步也」語。

鄭中一：爲鄭擎亞子，生於西元一九六三年，自幼在貧苦中成長，勤奮好學，國防醫學院畢業，曾任陸軍總院小兒科主任醫師，醫術精湛，創辦內兒專科龍岡聯合診所，嘉惠兒童醫療十年、移民新西蘭奧克蘭，於當地中醫學院進修中醫針炙科、服務僑胞，因、父母年老，而回台繼續執業、視病猶親、並盡孝道、照顧年邁父母生活起居、樂享晚年，忠孝兩全模範。

鄭中凱：爲鄭振國長子，生於西元一九七九年，自幼聰明肯學，河南省師範大學美術系畢業，習油畫，畢業分發廣東省開平市鳳采華僑中學任教，教學認真負責，深得校長重用，並利用寒暑假辦幼教班，嘉惠兒童，且邊教邊習油畫，百尺桿頭更進一步，期能在美術界中放出異彩。

鄭中民：河南省西平縣重渠鄭莊人，生於西元一九八四年、父鄭振山為農民、然頗重視技術教育、重渠初中畢業、考取鄭州工業貿易學校中專電子科，畢業即投效上海市松江台灣上市之埜霖冷凍機械公司，報到即受主管重視，給予較高待遇，引起老員工之不滿、自動接受降薪聘用，因此，更受主管器重，總經理慧眼識才，升任檢驗組長、認真負責、主動與客戶連繫維護空調優良運轉，而升任鄭州、北京行銷、維修重任、與客戶協調密切，深度信任而旺銷、虛心進取，以適應市場百變需要，如能在當地創業、以埜霖為依靠、其前途發展當如前鄭崇華董事長之台達電公司成功可期也。吾人拭目以待爾。

十一、重渠鄭莊鄭姓祖源考証

鄭莊鄭氏家譜無傳，西平縣地方史誌編委會說：「柏國姓氏尋根」編纂作業時調查，鄭氏由何處?何時移居來莊、都答說：「不知道」，且多不識字，溝通不易，故地方誌無載也。吾人西元一九四九年江南讀書，一去數十年，作夢都在眷戀家鄉事事物物，因而立意修撰家譜，時遇困難點，在西元二〇〇九年十二月廿九日晨，摩托車禍左小腿骨折、臥床休養的日子中，仔細思量回憶、鄭姓族眾在地居住狀況，和祖墓群等關聯，腦中閃現據以考証鄭姓祖源，來自何時？何處？茲將關聯研析於後：

鄭莊鄭姓聚居宅第西側有一口磚井，深約三丈許，水質清澈，冬暖夏涼，磚井頻臨南北向深溝道旁，北通重渠寨西平至上蔡縣道、南通曠野平原，為百姓亂世避難所經路，鄭姓族人少而墓多，祖塋有兩處，大的群墓在莊東北角菓園中，幼年時清明節前數日，集合族人整理墓園，掃除墓塚上雜草，並添製墳頭，曾遊戲數之、約有一百五十餘座之多，剷製墳頭有草土塊頗為累人，開基祖塚高大，在頂端可看到西上公路車馬奔行，祖塋座東北向西南，依序埋葬直至樊姓大門圍牆外，排列整然，約為二十三排（六十六－八十八世）文化大革命後，約西元一九七八年傳說政府徵墳頭稅、向死人要錢、人民為省稅而平祖墳之奇聞。馮寨西祖塋四世（八十九至九十二世），共埋十四人、餘埋於曠野，在世子孫四世（九十三至九十六世），合計共三十一世，一世二十五年計算，（剛生嬰兒不算）鄭姓在斯莊約七百五十年，相應朝代為南宋理宗寶祐年間，且係第一戶來莊開墾、故名「鄭莊」。

查中華通史宋靖康元年（西元一一二九年）；金朝陷汴京（今河南開封），康王構南渡，即位南京，建都臨安（今杭州），是為宋高宗、傳至理宗端平元年（西元一二三四年）宋將史嵩之聯蒙古圍蔡州（今上蔡縣）、金主哀宗殉國、金亡。時理宗親政、極圖恢復、同年間，宋元開戰，互有勝負，迨至寶祐五年（西元一二五七年），蒙古主蒙哥自將大軍分三路侵宋，蒙古軍殘暴，蹂躪很廣，北方士族流竄避難，鄭氏族眾也由故土滎陽或新鄭南逃至西平重渠、渴累不堪行，見溝旁泉水淙淙、注入池塘，飲之甜美，而結蘆定居開墾、後明朝初、洪銅移民雜姓相繼來莊，因水質好而成大村莊，尤以陳姓人口最多，也最富有，莊南祖塋僅墳十數座、但柏林森森、高大挺拔、夏季時，余割野草喂驢，在林中休息、雀鳥鳴唱、涼風習習、暢快非常。

西元一九九一年，余回鄉探親祭祖，于歸上蔡無量寺鄉大張莊鄭萬姑母告知，馮寨西祖塋最大埋的是高祖父文祥公，下葬三子鎖、奎、麻子。咱爲奎門、古時鄭姓人丁單薄至一戶，回台查閱中國通史、文祥公爲八十九世祖、係在清咸豐、同治年間，莊後祖塋爲七戶，爲何新祖塋剩一戶，族人幾臨絕滅、當時流寇太平天國和稔賊作亂西平縣達十七年之久（註）、殺人盈野、裹脅參加作亂，鄭姓百姓幸存一戶、綿延七世百餘年、人丁興旺、現約百五十餘口。

馮寨西祖塋：埋葬四世、始祖爲文祥公、座西北向東南、背依土岡風水頗佳；地約五畝，黃壤土又肥沃，禾苗生長茂盛，三門平分各約畝半，人民公社時，耕作權分給馮寨生產隊，西元二〇〇一年清明，回鄉祭祖，二弟有架接菓木技術，我不相信，証之院中梨樹架接成活、生長良好、接處瞭然，商議買回三畝，建成菓園，效台灣旅日華僑黃秋茂、回饋桑梓嘉惠兒童遊樂，且引進台灣優良品種、恢復原村頭春日桃、梨、李、杏花競艷景緻（註），生產水菓改善農民生活，二弟相商於該村幹部，助修村道一萬五千元人民幣給畝半，並簽協議書（註），地太小不合成本效益，給錢一萬不要土地，維路要向鄭莊修，與數個村莊結成社區、對生活方便較爲有利，但村幹沒社區利益觀念，增加五千元給地畝半是個騙局、二弟不識字老實上當，路向西上公路修竣工後，食言耍賴，連補賞耕作者青苗錢七百元人民幣也一併吞沒，整理墓園設施亦被毀，才知耕作者並未簽字同意，錢事小、村幹耍詐、欺騙善心者事大、匯款繼支援助建農村十萬元人民幣回匯上海作罷、今日思之，農民自以爲得計，那裏知道，如井底之蛙，仍在舊習染中生活，何日才覺醒呢？

註：參考諸文獻與考証呈現諸事實如左：

一、太平天國：清道光三十年（西元一八五〇年），洪秀全、楊秀清等，在廣西省金田村組上帝教作亂、咸豐三年（西元一八五三年），定都南京，信耶穌新約，不信孔孟，轉戰中原十多省、民不堪命、於同治三年（西元一八六四年），被清將曾國藩、左宗棠、李鴻章等平滅。

二、捻軍：起源於民間結社，農村無賴，裹脅農民「結捻」，以搶劫為生，張洛行捻首勢力最大，與太平天國將李秀成結盟，來來去去流竄、禍患西平縣境長達十七年之久，殺戳劫掠極重，鄭姓百姓受害最大，幾乎絕族，倖存八十九世文祥公一戶，西平人民於咸豐、同治年間遍築土寨四十餘座，重渠南、北寨即是同治五年築成、以維身家性命安全，太平天國亡後四年，為前述清將「畫地圈河」戰法所滅。

三、鄭莊磚井：記憶莊前、後各有一口磚井、莊前深溝旁水井、水質較佳、清澈冬暖夏涼、幼時請問白鬍老爺爺陳在說：「井口冬天霧濛濛、水微溫洗臉趁心、夏天渴飲冰牙根、是加了神仙的神泉」吧！莊後磚井鹼性水，夏日曬成黃色難喝，黃井西上公路旁為飲馬井，水質中等。每年春節前例行清除井底淤泥及雜物、發現神泉井有三條水脈由西南向湧流強勁，莊上五分之四百姓晨昏排隊汲水，倒入水缸整日飲用，吾人意欲整建「神泉井」成為古蹟，有利農村觀光。

四、參考下頁圖片。

协 议 书

甲　方：重渠乡重渠村九组冯寨村

乙　方：重渠乡重渠村五组台胞郑擎亚

经双方协定，同意将重渠村九组冯寨村西头乙方祖坟地，南至坟地南3米，北至东西大路，西至李修盘土地1米，东至孙新春土地1米，南北约＿49＿米，东西宽＿18＿米，共拆土地＿633＿＿亩（含坟地）承包给乙方使用，乙方付给甲方人民币壹万伍仟元整。~~如上级政策变动~~如遇国家建设征用土地，而引起的土地变更，甲方不承担一切责任，该协议终止，此协议一式三份，请双方共同遵守。

甲方代表签字盖章：陈传修 李根孙向光

乙方代表签字盖章：郑合林 郑振国 郑擎亚

监 证 单 位：重渠乡重渠村委

2003年12月1日

耕作者未簽名同意承包。

五、解放前，鄭庄村頭為桃、梨、李、蘋果園、春日花朵相繼競放、萬紫千紅、美不勝收。西元一九四七年冬、國、共軍金剛寺之戰，山東民兵參戰，犧牲數百人葬在鄭庄西端桃園中，宜修烈士墓園，供觀光者悼祭。

六、見〈鄭氏二門世系圖〉。

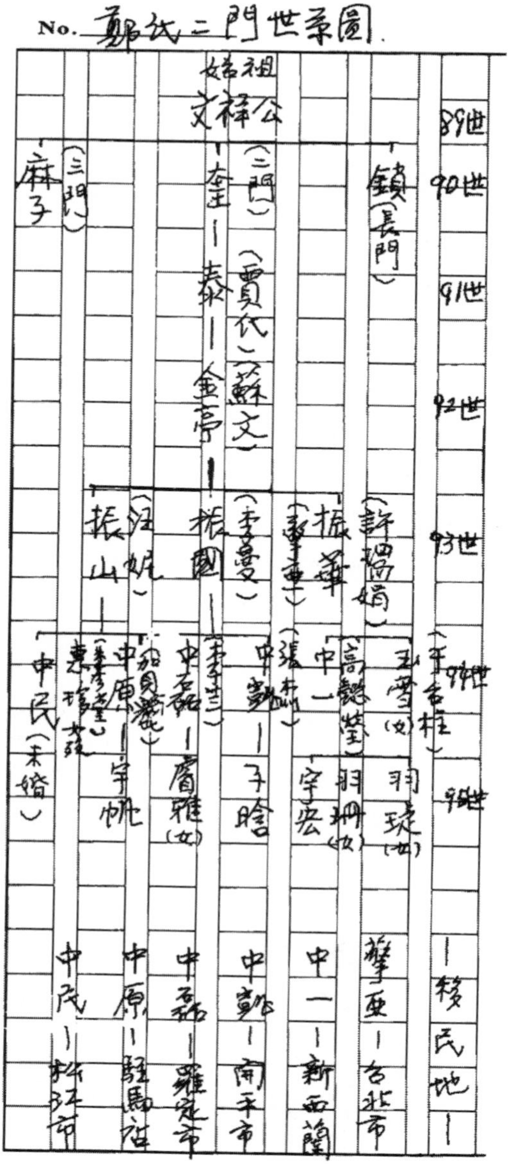

七、查中國通史元世祖忽必烈：中統元年（西元一二六〇年），意欲賡續元宋和議，泯儒者郝經至宋促成南北和議，郝經云：自南北構難，江淮遺黎，弱者被俘略，壯者死原野，兵連禍結，為時已久。今主上（元世祖）願兩國和好，雖以微軀蹈不測之險，茍能弭兵靖亂，活百萬生靈於鋒鏑之下，吾學為有用矣！」宋景定元年七月至真州（今江蘇儀徵），賈似道在朝中誇揚戰功，不願暴露和約而並竟將郝經拘留誤國，否則，如能和議成時，南宋之國脈則可延續至一五三年以後。今日兩岸和議後、預卜以待彼岸政治上將走修正路線由共產主義↓特色社會主義↓國家社會主義，也就是孫中山主張之民生主義，（節制私人資本）統一在民主社會之下，對中華民族幸福，善莫大焉。

十二、西平縣重渠鄭氏家祠宗親會章程綱要

第一條：堂名——滎陽堂宗親會。

第二條：宗旨——耕讀傳承，宏揚孝道，敦親睦族，慎終追遠，保護族益。

第三條：任務——推展會務，登記保管宗親牒冊，調解宗親糾紛，團結和諧宗族，發揮族力。

屆。

第四條：會務規定——凡宗親皆爲會員，有選舉委員與享受族內福利之權。

第五條：委員會——選舉五人爲委員，連選得連任，執行宗親會務。每五年選舉一

第六條：祭祖——清明節祭祖並開會，互選主委、主持祠堂事務、監察會計，經費樂捐使用等事宜。

第七條：教育——族中兒童寒暑假集中講授千字文、百家姓、三字經、孝經等，經費充足補助營養午餐，獎助優等學童，助讀大專院校學生學費。

第八條：會歌——鄭氏宗親會歌教唱，團結互助，和諧宗親。

第九條：宗親牒冊，格式如附件，存宗親會，以爲修訂族譜之根據。

第十條：細則——另行訂定之。

十三、鄭氏宗親會會歌

鄭氏宗親會會歌

鄭擎亞 詞
余 帆 曲

D調 4/4
親切有感情

我們都是鄭氏的 姊 妹 兄 弟 血 脈 會 把 我們 團結在 一起
好 兄 弟 好 手 足 真情相愛 在心裡
敍 親情 傳 孝 意 互相幫助 心相繫
滎 陽 堂 滎 故 里 慎終追遠 莫忘記

鄭氏宗親 姊妹 兄 弟 大家團結在一齊 團聚在一起

十四、西平重渠鄭氏宗親牒冊

原籍

現所

上接第　　表　　公派

父　　第　　世　字倫

祖考　　諱　　公

生　年　月　日　時

卒　年　月　日　時

墓　卜葬於　坐向

壽　　歲

祖妣　　閨　　氏

生　年　月　日　時

卒　年　月　日　時

墓　卜葬於　坐向

壽　　歲

男

子

母

嗣系

備要

公　媽

血型

出生地

民國
公元　年　月　日結婚

公玉照

媽玉照

學歷　　經歷

遷徙記事

順序

子女氏名

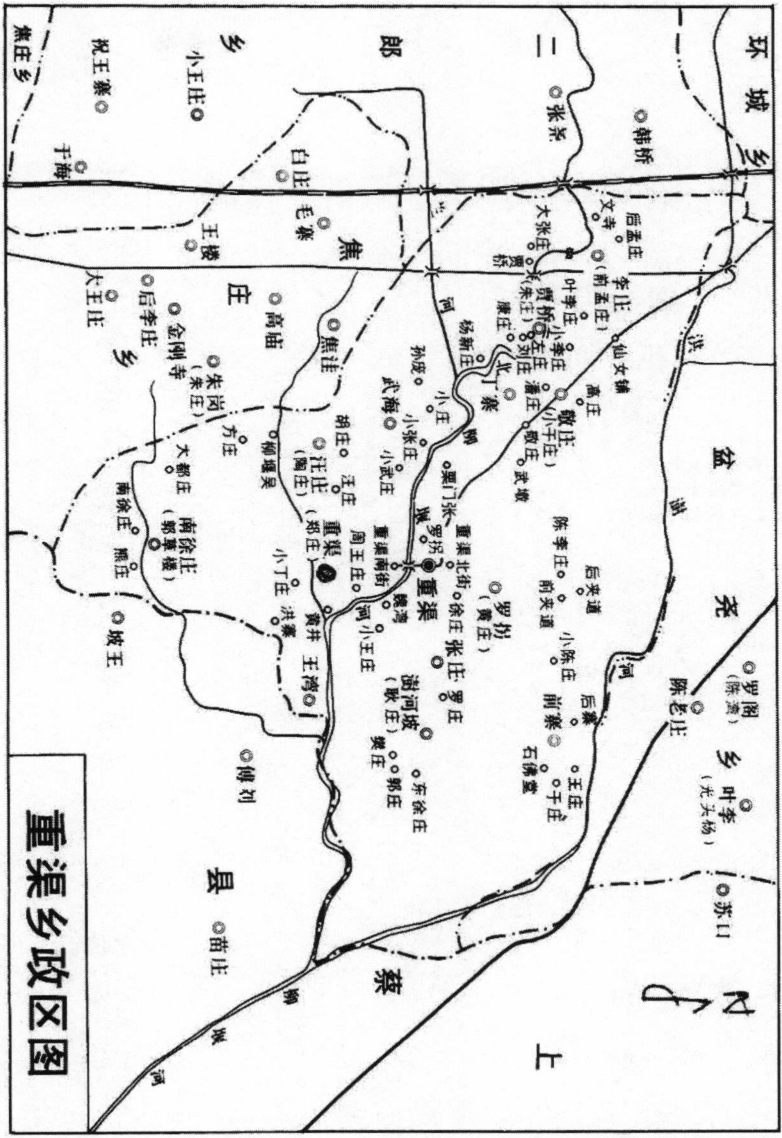

十五、附錄一

附錄二

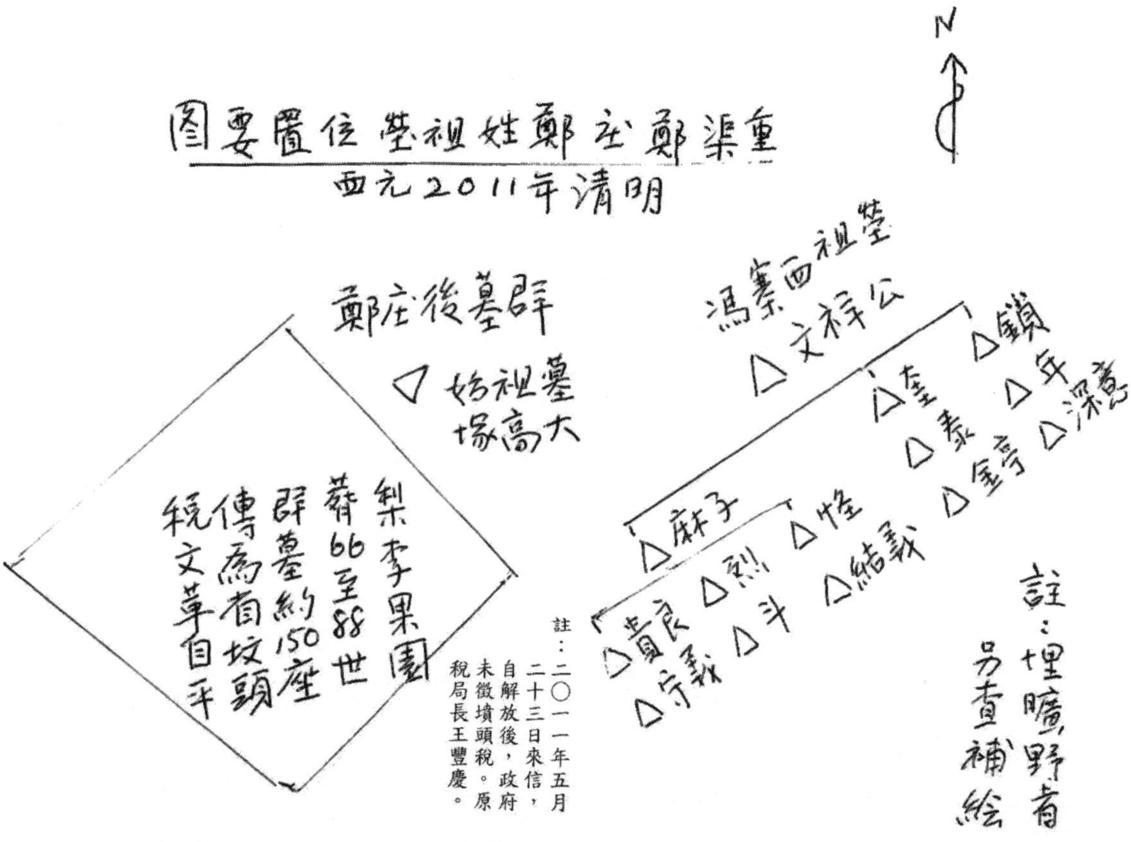

註：二〇一一年五月二十三日來信，自解放後，政府未徵墳頭稅。原稅局長王豐慶。

附錄三

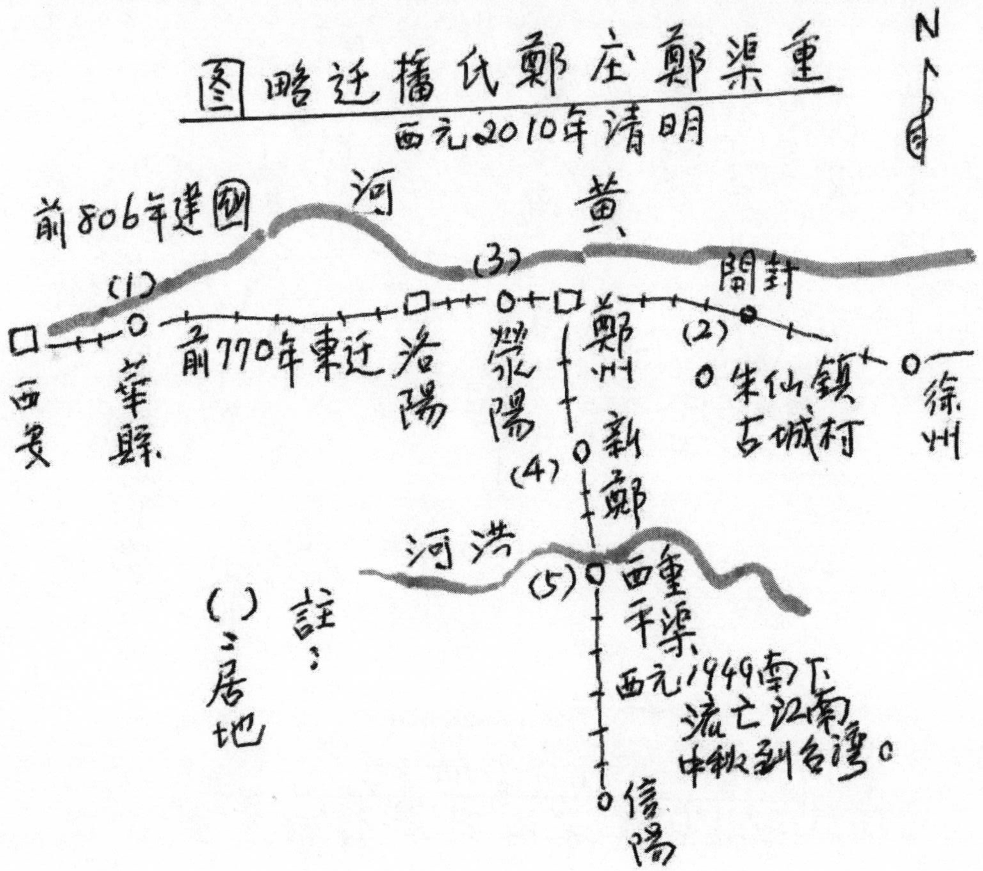
重渠鄭座鄭氏播迁略圖
西元2010年清明
N
前806年建國
河
黃
(1)
(3)
開封
(2)
西安
華縣
前770年東迁
洛陽
滎陽
鄭州
朱仙鎮古城村
徐州
(4)
新鄭
河洪
(5)
西重平渠
西元1949南下
流亡江南
中秋到台灣
信陽
註：
( )：居地

附錄四

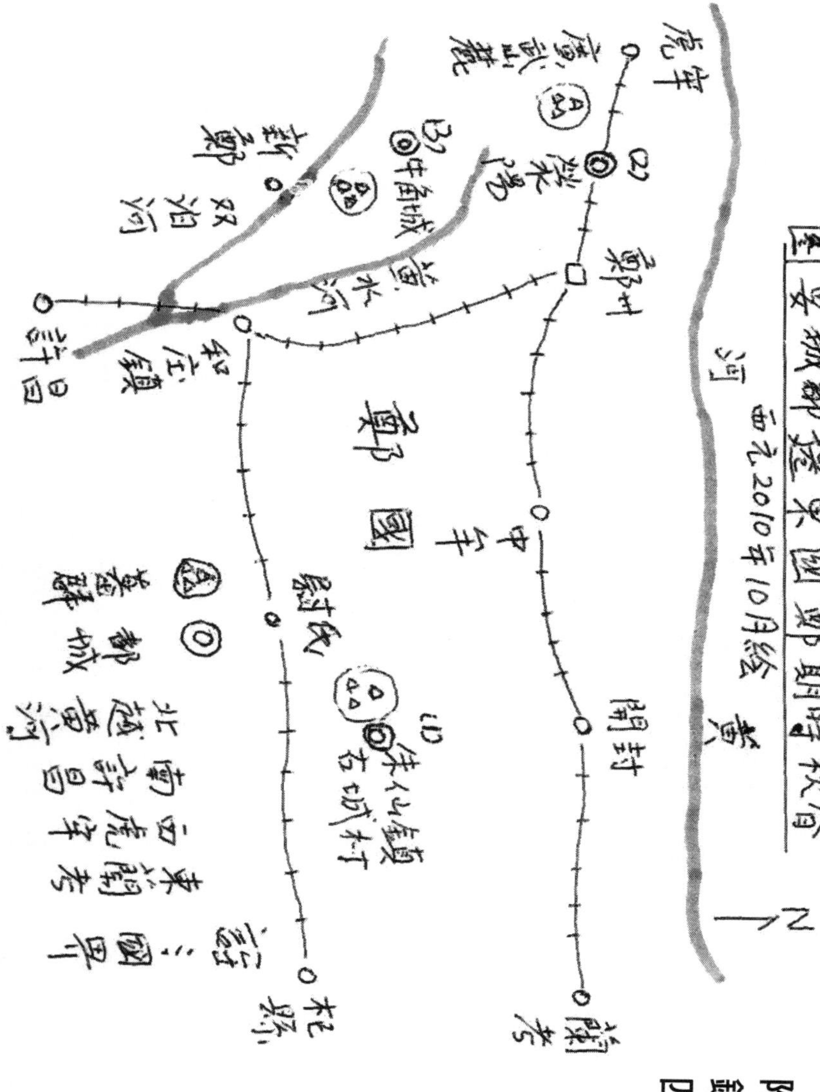

附錄五

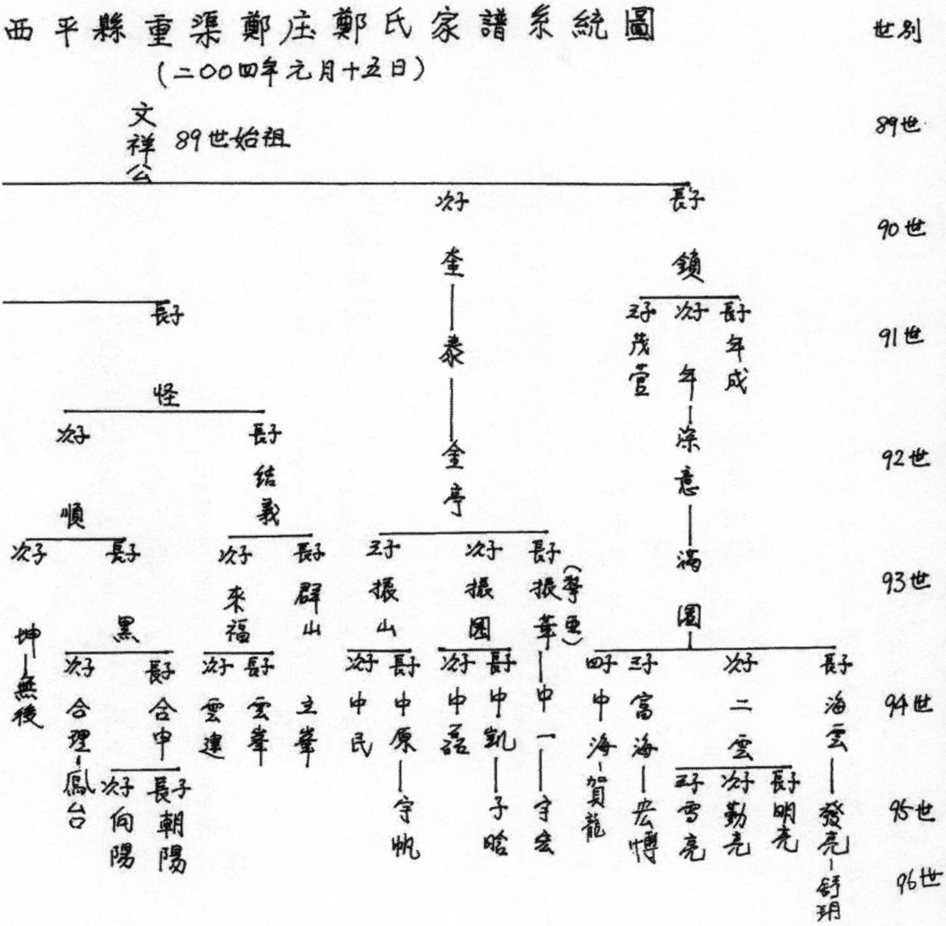
西平縣重渠鄭庄鄭氏家譜系統圖
(二〇〇四年元月十五日)
世別
89世
90世
91世
92世
93世
94世
95世
96世
文祥公
89世始祖
長子
次子
鎮
奎
長子
次子
三子
年成
年
茂萱
滌意
滿園
泰
金序
怪
長子
次子
結義
順
長子
次子
三子
振華
振國
振山
群山
來福
黑
坤
長子
次子
三子
四子
海雲
二雲
富海
中海
中一
中凱
中磊
中原
中民
立華
雲華
雲連
合中
合理
無後
長子
次子
三子
明亮
勤亮
雪亮
發亮
宏博
賀龍
宇宏
子晗
守帆
朝陽
向陽
鳳台
舒玥

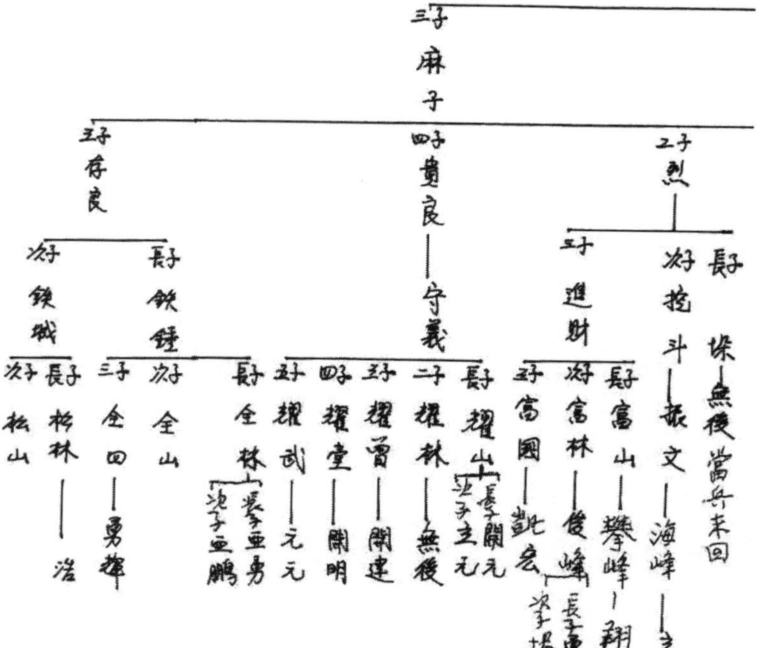

註：93世鄭振華、改名擎亞、黃埔24期、為台湾國民政府陸軍少將。

陸、家 書

一、給學長王豐慶——遊美西感言

豐慶學長勳鑒：

初夏天暖，對咱老者來說，是有利健康的，在遙遠的寶島台灣，恭祝福躬康碩、合家平安為頌。弟老驥伏櫪，仍在耕田，每年僅有兩星期連續假，趁此赴美西旅遊十二日，還是公私兩便，了解一點先進樂園運作，以為改進八仙樂園之參考。

五月二日乘華航班機，飛行九小時到達檀香山歐胡島，此群島面積約台灣的三分之一，人口多元，僅約一九〇萬，環境清新、綠草如茵，花香處處，尤以海灘弄潮及帆船活動人群特盛。雙十二兵變主角之一，是國民黨敗退台灣的罪魁禍首，東北王張學良卜居養老，企圖不明，山坡上別墅清晰可見，兵變提早抗日約三年、中國人多死了五百萬，蔣介石沒有殺他，還給他美女趙四陪他渡晚年，令人憤恨不平（註）。參觀第二次世界大戰珍珠港事變的海上艦型公墓，向烈士獻花致敬，日本軍閥「虎虎虎」計畫如在眼前，報應的挨了原子彈。繼觀草裙舞表演、坦胸擺臀，問候語「阿羅哈」等令人印象深刻，乘觀光遊輪遠海吃龍蝦大餐，當晚海上平靜無波，蝦肥酒香，談天說地，樂也融融。

五月四日再乘美國大陸航空五小時抵舊金山，次日參觀中國城（小台北）金壁輝煌，中文字招牌處處，有如身處台灣街頭。貝聿銘建築師設計的聖瑪琍大教堂，係用四個柱子扭力建成、巍峨壯麗，大地震未撼動分毫，乃中國人智慧的光榮標記。金門大橋及奧克蘭大橋間的金山灣中魔鬼島、天使島及帆船，衝浪板帆、輪船、艦艇等由橋下來來往往的雄美景觀、令人羡慕讚嘆！美不勝收，心曠神怡、忘卻仍在人間。

次日，遊優勝美地國家公園，乘巴士馳聘加州原野高速公路，沃野千里，菓園與小麥田處處，種植和收獲全用機器，工作效率之高，工人健壯豪邁，令人讚嘆，驚於美國才建國二〇〇年，自由民主制度的創立——致人民遠離戰爭，得天獨厚、富甲天下，世界優秀人才，移民施展才能，建設國家，人民自由幸福、中國雖大、歷史悠久，戰亂頻仍，文化不知何時才能創新自由民主制度輪流執政。

優勝美地國家公園，重嶂疊峰、飛瀑流泉、山谷青翠欲滴，河水清澈、潺潺流動，燕語鶯鳴，山頂白雪皚皚，遊人如織，真是個世外桃源、人間仙境。本日晚於於佛雷斯諾農產水菓重鎮，牛羊成群，谷倉高縱遍野，農人騎馬馳騁。如風馳電掣，騰躍自如，令人回味無窮（我也學過騎兵）。益証美國爲世界谷倉，台灣進口三分之二民食即來自此地。

又次日，進入美國沙漠之州遼闊的土地山巒只生長仙人掌及燈籠草、過邊界至內華達即有美輪美奐的賭場，當晚宿於拉斯維加，欣賞歌舞表演後，回到旅館、夜遊及參加賭博（旅館樓下即是賭場）、吃角子老虎人人會玩、有輸有贏，我也碰碰運氣，合掌阿彌陀佛，保佑准贏，我以百元美金投注、幸贏了十多元美金、因一天勞累，睡蟲來襲，上樓夢回台灣溫暖的家中。

第七天，去大峽谷，是世界七大奇景之一，每人發給一條土司麵包，有人說：中午在仙人掌下當午餐，導遊的謎題是先去胡佛水壩喂魚，壩堤下箱網中很多大鯉魚，如果用手喂牠、牠一群群的吞食，好似你的朋友般柔順可愛，大鯉魚約有六斤重，眼睛、尾巴都是紅色，鱗片透出亮光、如今腦中仍能反映牠的美麗模樣。開車在曠野、仙人掌也各不同樣，目眩五色繽紛、鷹鷲騰空顧盼自雄荒原上空尋找目標小動物。到大峽谷已是中午，深感谷勢嵯峨、景險不敢俯瞰導遊說形成於一五〇萬年前，有乘小飛機沿峽谷飛行觀景者說：不若台灣花蓮谷奇峻，但谷勢亦頗磅礡，乃自然力量的偉大傑作。來此一遊值得回憶。

第八天，由拉斯維加至加州的洛杉磯，在漁人碼頭午餐、領略華人在此的活力、與來美修鐵路之艱辛及不平等待遇。第九天，整日參觀環球影城，每一個節目都緊張刺激，很多人不敢玩，我則每節目都要嘗試、體會美國訓練青年冒險危難精神。台灣八仙樂園歷險樂園似應參考其改進、奈因台灣人口太少，不夠成本效益。空有構想也難實現。

第十天，遊覽老少咸宜的狄斯耐樂園，我曾讀過日本東京建狄斯耐樂園艱辛經過、在這奇幻歡愉童話界、卡通人物、花車遊行、三百六十度電影（片子在中國拍攝三年半）目睹祖國壯麗山河美景，令人振奮。驚心動魄的鬼屋——科技創新幽冥世界、精彩絕倫。最後，夜幕深垂約在二十三時，電子花車遊行，各種人物、鳥獸、歌唱舞蹈，在歡樂中結束，總而言之，美國建國不長，就是自由民主制度，憲法規定總統兩任八年，沒有中國皇帝的萬歲世襲，才能繁榮富足、避免戰爭的自殘。我們的國家歷史悠久五千年，宏偉的建築大多在改朝換代被摧毀，大家都想是真龍天子，世襲萬世，還想長生不老，批孔揚秦、清算鬥爭，清除異己，民不聊生，吾人期望中國自由民主，不要再有戰爭，好好掌握發展契機，建設自己的國家。

來美國遊的這個團都是西元一九四九年來台者及其伴侶，八男八女，反對台獨的中堅份子，但也不希望「一國兩制。」更憤於戰爭方式之統一，所以，四男留在美國買房子，準備移民，西元一九四九年大陸來台人口是佔百分之十八，現在僅爲百分十二，已經走了百分之六，台灣相對也移民百分之六，移民外國的都是精英，人才走了，錢也一樣，武力統一對中國實在沒有好處呀！有人勸我也走，但我是孫中山先生信徒，國家觀念比較重一些，上海我已買間公寓，或者三通後兩岸都去住吧！

遊美西，沿途很多台灣旅遊團的觀光巴士，每地都有中國餐館，多爲台灣與大陸留學生相結伙開的餐館，跑堂的也是留學生打工，台灣男討大陸女，台灣姑娘嫁大陸郎，他們結合在異域爲自己的同胞服務，非常熱誠與週到，春風滿面，不像大陸冷冰冰（隨開放已改進），到了佛雷斯諾城，導遊說：有一個中國人在那裡開商店，生意不怎麼好，打電話來希望去照顧一下，大家一致讚同，車子到了那裡說停十五分鐘，但四十分鐘還沒有完，買了很多東西，使開店中國年青人非常感動，一再致謝，這就是中華民族的血濃於水吧！

參觀狄斯耐樂園中午，由角門出去到中國餐館用餐，金壁輝煌宮殿建築、菜色質精豐盛，當時台灣來的共十八個團有數百人。同時在購物中心也遇到大陸北京來的考察團，曾與簡短交談，屬於高幹團，男女都是深藍色西裝，與台灣來的百姓團穿輕便五彩衣衫不同，因天熱有些人捲起袖子，口含香煙、邊走邊吸、霧騰煙漫，頗不雅觀，大陸經濟剛起步，國民所得 GDP 有限，十年如不打仗，必有大的增長（今日已獲驗証、果然也），國民出國觀光，看到外國科學技術製造各種物品，帶回國內加以改良，再推向外國消售，必能賺大錢的。台灣民國七十年（西元一九八一），經濟學家李國鼎先生建議政府，開放人民出國觀光，小商人帶著自己改良之產品，全世界走透透推銷產品，台灣中小企業發展鼎盛，就是由此而來。我台南市的一位朋友陳瑞呈者，讀書僅小學三年，學修腳踏車，再學修摩托車，而後開僅數人的小工廠，生產嬰兒車，到日本觀光，看到一位老婆婆推的像嬰兒車、其功能可以助跛腳的老人步行，爾後老人坐在廂子上拿出牛奶、餅乾食用，他靈機閃動到車店買了一輛，回台仿製並加改良材質，再帶到日本同店談判代理權，較日本車便宜又質精，因之行銷日本全國及世界發了大財，現在他擁有南一高爾夫球場。觀光飯店和建築公司，大學畢業的會計成了如夫人，大陸只要不打仗不野心侵略別人、保持和平理性，以中國人的勤勞和聰明，我想很快就富起來，老同學！你評量一下，我說的對否？但西平縣要學的賺大錢，不是打工賺的辛苦錢。吹大瞎、砍大山是不行的。

另報告者，在舊金山天氣晴和，不熱不冷，舒適有如昆明春城，至同性戀街巷走馬看花一番，只見彩虹旗飄揚。山坡住宅前男男女女、陰陰陽陽、相親相愛結婚，導遊說，是男女平權的觀光一景。中國社會能允許嗎？

遊罷，由舊金山機場登機華航，直飛阿拉斯加的安克治加油後，經阿留申群島、千島群島，日本，在途中俯視大洋茫茫廣無邊際，睡睡醒醒、電影無趣，百無聊賴，飛行總計十五小時，降落桃園中正機場，萬象燈火照亮了民主自由幸福的台北。敬祝

合家安康

學弟鄭擎亞　許瑞娟敬上

西元一九九六年六月十二日

註一：參考第三國際派往瑞金蘇維埃區的德國籍軍事顧問李德回憶錄，毛由瑞金長征時有三萬人，到達延安僅剩七千人，加上土共劉子丹一萬人及另一股共軍五千人，合計不足三萬人，而張學良東北軍十萬人，西北軍楊虎成二萬人，甘肅馬家軍二萬人，合計十四萬，與共軍為六比一（不算中央軍），圍殲中共軍是必然的。張學良不執行剿共，反行兵變破壞蔣介石的先安內再攘外國政策。屈從中共的「抗

日統一戰線」、提前抗日三年，中國人多死了五百萬，且給中共發展之機會，又毛崇拜秦始皇與劉邦，中國大亂苦了三十年，殺戮建國功臣彭德懷、林彪等。批孔揚秦、破舊立新，殺害知識份子等約二千萬人，平心而論，是中國歷史上的空前浩劫。

註二：發信日為一九九六年六月十二日，至二〇一一年六月五日已十五年矣！觀察中國鄧小平的黑貓、白貓論確已掌握發展經濟之機，盼持續永遠。

註三：特別找出此信、略作修正供族人參考。

二、給三弟振山——飲水思源，建築「金亭井」

振山吾弟如見：

你雖然沒讀過多少書，但來信文字越寫越通順，作人處事非常認真合理，三妹秀鸞的長子腦筋不好，再花多點錢正常的女孩也不會嫁給他，除非討個傻姑娘，將來變成家中累贅，所以我告訴她，培植她小兒子會德才是對的。錢也不可亂借給別人，會有去無回，親情也沒啦！她已五十多歲了，多留點錢存郵局生利，防生病及荒年吃飯用。大哥已七十歲啦！除了培植四個侄子讀大學外，別的我是無能爲力的。原計劃投資家鄉十萬元人民幣，每年有一萬元的利息收入，現在已超出了預算，蓋東大街的房子，雖然登記我的名字，但我百年後，仍是兩兄弟的。原我要登記兩兄弟的名字，趙書堂先生說：「不可以，因爲他弟弟靠不著，敗家子，所以才如此的。這樣也好，大姐和兩個妹妹也沒話說，可能趙先生是對的，一切以後再說吧！

台灣現在水比汽油貴。因爲工業發展污染水源，自來水不能飲用，大家都喝礦泉水，大陸工業正發展中，上海旅館日供兩瓶礦泉水，咱家從前飲用那口磚井，記得小時候挑水回家，夏天冰牙根，冬天水微溫，那就是礦泉中。上次回家探親，水井還在，我想花點錢在上面蓋一座亭子，保護起來，並加以整理挖深，做井蓋高出地面，以免水災淹沒，也可以做個棋盤，老人在亭子中下棋，談天說地，亭子起名「金亭井」，以紀念父親爲子女辛勞打拚。亭子柱子上我撰「飲水思源倡孝道，祖國柔遠愛和平。」金亭井木扁請鄉長或統戰部長題名。台灣新店我居宅旁原野公園有一塔四座亭子，整日都聚集很多老人閒話下棋，我早晨也到小山上運動，不過都是新店市政府公款建的，目前大陸對鄉村建休閒設施、經濟能力還不夠、咱爲回饋桑梓一萬元人民幣、大哥還有這個能力，加以家鄉人工便宜，也可以賺點工錢、這種紀念性的事、你嫂子是可以通過的、明年嫂子回鄉看了也會很高興的，如果水質好，攜回台灣或在大陸化驗合格，我出錢在家鄉建一座小型工廠，製做礦泉水、運到鄭州，漢口去銷售，工廠內工人以親友爲主，以應我說的：「我不能永遠給你們魚吃，而可以給你們釣魚竿，自己去溪中、池塘釣魚吃。因爲咱家下代子孫百餘口，實在負擔不起，何況大陸一切要講公平呢？四個侄子要教他們勤儉，寒假如果找不到打工賺錢，在家幫你做鞋或賣糖果也好，我小時候當過學徒、擺過香煙攤，就是在東大街房子原戲院邊，碰到清涼寺中心國校陳萬慶當兵極乎喪命，要我到南方讀書、我才帶兩塊銀洋，到湖北蒲圻洋樓洞流亡學校，以後當兵來到台灣，早年吾兒中一、女兒玉雪在家裡做手工、到市場賣草帽賺學費，零用錢，訓練他們知道賺錢實在不易。

如果亭子建好、令人滿意，再談大建設計劃，如果做不好、將到此爲止，大陸和台灣如能和平相處時，多提一點好的意見，如果不是這樣，可能會移民外國，因爲釣魚台的事，大陸對台灣放飛彈恐嚇，但對日本確是軟腳蝦，李登輝反說：「釣魚台是日本的」。中國受日本侵略才被赤化、逃來台灣受盡思鄉之苦，不知大官們怎麼想法，百姓實在沒奈何！他們勇於內鬥，光想當真龍天子、還想長生不老……

最近對佛教特別有興趣，就是「靈修」。顧名思義就是一種心靈修養的功夫，他能影響人的思維和行動，但仍是自己心靈去分辨是非善惡，如果有了偏差，在尙未變成行動前，就能適時予以制止。不會去傷害別人，如果自己的思維被七情六慾所蒙蔽，不但不能制止自己的惡行，反而會讓他激盪擴大，為自己引來更多煩惱和痛苦，甚至走火入魔不可收拾，以致心神得不到一刻安寧，如果大家都像宗教家有靈修，懂得如何化去一切煩惱，不但不會引來憂愁和痛苦，反而產生絕妙的「智慧」。也就是佛家所說的「法喜」，如此，心靈必能得到光亮，滋潤與修持。心地光明磊落了，就會無憂無慮、無痛無災。增加智慧，延年益壽。俗語說：「生不帶來，死不帶去」。「兩手空空來，兩手空空去」。古詩云：「日也空，月也空，東昇西沉為誰功？田也空、屋也空，換了多少主人翁？金也空、銀也空、死後何曾握手中？妻也空、子也空、黃泉路上不相逢。朝走西、暮走東，人生有如採花蜂，採得百花成蜜後，到頭辛苦一場空。又記得童年在村上有句俗語：「他騎馬、我騎驢，回頭一看，還有一個推車漢」。謎題是「比上不足，比下有餘。」正是吾人最佳的啓示。也就是我的左右銘，現在掛在床邊牆上的「心平氣和、博文約禮、樂天知命、松柏長青。」寫這麼多，你看了後，要保存好，將來印製成書，供子孫參考閱讀，知道族中有個人逃到台灣，有自己的想法，和對後代子孫關懷之情。

敬祝

快樂健康

大哥　振華手書　西元一九九六年七月二十九日於台灣新店宅

註一：此信寄出後，久無回音，二〇〇二年回鄉只說「井在村道上，修路會蓋著」。今年又提，仍如前說，總而言之，為公者都不行。整庄人都缺公益心。

註二：許多年後，大半村民都具大學文化程度，重視村史時，立碑指出距離x公尺，有一磚井，為飲水思源開庄水井。會尋鄭姓家譜勘定位置。建景點。

三、給台辦田萬順復建文化古蹟

萬順兄台鑒：

日前承告縣之平墳並非西平農業縣增加糧食生產之良方，力陳惟有菓化、花化。開拓水資源，增加農作物附加價値。乃是較爲可行的方法。並要復建古蹟，觀光和農業結合，始能事半而功倍，余願以弟弟分之田，交換馮寨墳塋之地四畝，投注資金，週圍種植柏樹，內部種植菓林（桃、梨、杏、李）、率先實作示範，並在鄉村小學成立補習班聘請園藝專家指導選擇最好品種接枝生產推廣。至兄弟損失由余負擔補償。惟一的條件是祖墳保留。

至於觀光結合者，例爲仙女池建築祀廟。池種蓮花，老王坡酒廠及羅成墳等三者成爲一個觀光群。縣城古塔、寶宕寺（復建）、縣博物館、金樑橋牌坊（復建）、柏亭（遷到東關，加上東關購物市集，西鄉各古蹟亦編爲群，集數群爲一日遊，安徽歙縣之作法值得多參考。（將牌坊遷至一處成爲景點，屯溪老街成爲硯台藝術市集）個人以爲縣如擬訂計劃後復建古蹟。五年之內必能成遊覽區，三星級飯店是必不可少的。有了觀光設施，旅客及商賈都會來，萬商雲集即是此理。因余曾於八仙樂園工作十年，擔任企劃事宜，此項知識書籍曾經涉獵，加上多年到中外旅遊心得，因此，建議縣府能順應民情，免予平墳，而以菓化、林化代替、應符合退田還林、草政策、收到一石二鳥之功效。

在台灣吾人已有五指山國家墓地，百年後可去，已不作葉落歸根之打算，這些主意純爲縣而設想者也。

敬祝

平安

弟 擎亞 敬上 二〇〇〇年十月十五日

註：新朝王莽前，河南農人各家都有池塘、塘邊種桑、菓、豬舍、廁所、養魚——衣食都靠池塘收益，新朝為增加糧食生產而平了池塘，致旱蝗災害，天下大亂，人民相食後為光武帝所平。

四、給石長文書記請調節祖塋土地案

長文書記吾兄大鑒：

公元二〇〇五年七月三日信諒悉，信中託調解弟家族與馮寨村之紛爭事，乃該村書記陳德明等代表將其耕地合議租出，而未獲得經濟地之補償，且不瞭解祖國已是法治國家，而野蠻的犯下侵佔、背信、毀壞錯路，弟助修村道，助學係本著「樂善爲鄰」之旨，爲息爭，原承包1.33畝。預降爲短牆內不足半畝之地爲宜，並留通路以利耕耘，以維持生活，如生活困苦，子女讀大學時，來信告知弟，另行救助。

時代在變，追求幸福的生活也不一樣，十九世紀在土地、二十世紀在勞力，廿一世紀在腦力，咱縣地處內陸、農民仍活在土壟爲主之中，村書記不補償其土地，而帶「恨」到鄭姓家族，要知道「長恨人必窮、長窮心智鈍」，弟爲回饋里鄰，而書「樂善爲鄰、奔向小康」，立碑，盼爲農民致富勉語，弟家在鄭庄數輩單傳，人單勢弱，劣紳黃子明抗戰時抽我父壯丁，賣田六畝送禮，後逃來台灣做苦工，來部隊見我，反致贈禮金及大米，黃井修路來信，亦「以德報怨」助修。整個大陸已進入市場經濟，農民與商人窮富差距，沿海、城市與鄉村差距，日益擴大，農民至大城市打工、修墓之目的，留給子孫尋根、慎宗追遠而已。望鄉政府成全所爲，並無別意。台灣也是如此，貧富差距日大，現今平均每三個小時就會自殺一人，都是先失業後離婚，或全家迫於債而燒炭，火焚、上吊等……

百善孝爲先，凡有孝行者，必爲端正人士，弟來台之時，身無長物，後稍能溫飽之時，即作善事爲樂，退休後，更是節儉生活、粗茶淡飯、運動讀書、節約爲數不多的金錢，用於回饋生長的地方，能盡一點有益農民，也就心滿意足了。立碑紀念亦爲「倡導善良風俗、轉化農習。」

昨日西平同鄉會理事會聚會，西平在台同鄉助修村道成功者，僅重渠鄭庄大隊、譚店、二郎、舞陽等數個村庄，台胞給的修路錢，都被承辦人私吞了事，台胞徒呼奈何！更聞少數台胞與鄉中賴貨（流氓）勾結行騙——說可代辦在台死亡老兵遺產，要費用二千到三千人民幣。鄉中如有此情形，請告知家屬，不要相信而免損失，「根本無發遺產金之事」。

高雄美濃小鎮爲客家人，幼童三—四歲，實施學前至祠堂讀四書、五經、唐詩等，爾後進公立小學至大學，國文程度較佳，理解力尤勝一籌，全鎮迄今有三一六個博士，散居到全世界各地，每年清明祭祖歸來，自由捐資支持祠堂活動和教育費用及設立助學金，獎助較貧族人子弟升學。余曾有此想法。奈鄭姓族人皆文盲，建築祠堂也不易，亦無人執行，而作罷論，弟全家可能移民「新西蘭」，手續皆辦妥適，只待行動搬家了。

遠去數千里外，以求得安靜生活。

凡事行百里者半九十，鄭庄助修道路，尚餘小學至古井那條東西巷，兩萬元人民幣已到位，只待黃連書記號召村民集資和自力修築（村民出錢出力，絕不會偷工減料），另再補助圈王五千元（實爲一萬二千元），修築十字路，並至王武舉宅第前，創立歷史景點，而利親光農業推展。敬祝

春節百事吉祥如意

註：振山弟來信說，政府撥款要修路。

弟
鄭擎亞　二〇〇五年一月二十八日於台灣新店

五、家書値萬金

西元一九四九年（民三十八）二月二十五日，別離父母到江南讀書一年，回鄉教書孝順父母，臨行母親一再叮嚀「在外事事要細心，對人要和善，天涼要加衣。」母親對我愛護有加，她生下兩個弟弟盤根和樹林皆早夭，母親奶漲痛，叫我吃奶到十二歲，又每年自養母雞三窩二十多隻，約一斤重就殺給我獨享，是一個白胖的孩子，讀書成績又佳，抗戰期間民生疾苦，但母親將家中最好的食物給我吃。三千寵愛集一身。到了江南

蒲圻縣洋樓洞，學校有飯無菜，睡稻草舖，也不覺得苦，到江西南城當學兵，雖然新奇但個人裝備頗重（步槍、子彈、草米袋、水壺），尤其行軍日夜不停，由江西至廣東間的筠門嶺，上下各四十八里，又要輪流抬重機槍，壓得醜態百出，鞋破、腿腫、高燒，隊長沒有慰勉一句，只喊：小傢伙！快走！快走！好怕會在行軍中喪命，思念慈母之心油然而生，幸運的燒木頭卡車（註）開不動停在我的旁邊，救命恩人文琳同學下車摸我發燒的頭，和周佩玲兩女同學，哀求司機師父同意，拉我坐在車頂貨物上，暈迷一天一夜到梅縣抬下車也暈迷不醒，到次日早晨，才清醒退燒，可把兩同學嚇到半死說：一直喊娘……回到隊上副中隊長王勤聲叫我出列到隊伍前立正站好，說我投機取巧、不行軍坐車……當夜蒙著頭痛哭失聲，到汕頭安埠寫了一封信，訴說受的委曲和流亡途中的孤單。爾後過台海到基隆登岸，是中秋節後夜，行軍由湖口到新埔的山路上，月圓如畫，走著走著淚如泉湧，家隔著汪洋大海，何法才能回家孝順母親呢？身在外鄉「每逢佳節倍思親」，這句話我體會得最深刻，曾很多次做夢回到家中孝敬母親，直至西元一九六一年（民五十）、十月八日，與愛妻結婚，逢年過節時她也同我悲悽流淚，無奈不准與大陸通信，西元一九七四年（民六三）十一月十日，遇到貴人中國電視公司工程部經理陳連信好友，建議由香港轉信，我為安全不肯親筆寫寄，而僅告知地址與學名「振華」，在香港代筆通信，至西元一九七五年八月，通信四封相片一張，附港幣一千元，母親與振國、振山弟在北風凜冽，大雪紛飛深及膝到親友家報喜，讓大家分享好消息，鄭根仍活在人間，娶妻生子，日子過得不錯，鄉人傳爲佳話。後中斷了五年，又由連信嫂夫人邵秀霞同學陳秀英老師，主動與三弟振山通信八封，並付匯港幣四千三百元，對家中經濟略有幫助。第三封信，始知父親於一九五九年（民四八）九月二十九日，因人民公社食糧不足，又有糖尿病，腿上瘡不收口，飢病悽慘而逝，以薄棺材埋葬馮寨祖塋，回鄉探親前，知道母親於西元一九八〇年（民六九）十月十二日病逝，臨終頻呼我小名「根兒！根兒！」念著寵愛的根兒悲痛而往生。慚愧我自覺違反中國「父母在不遠遊，遊必有方」的古訓，但這「方」字是百姓難以掌握的。生於亂世，爭霸天下者，都想做真龍天子，主宰天下，那管百姓死活，在兩方相爭不准通信，能遇到貴人如陳連信夫婦與陳秀英老師者，終生銘感五內，連信兄夫婦已往生西方多年，在公祭時虔誠大聲祝告義行，在台北市善導寺追思法會中，除三拜九叩行禮禱念外，並參加僧眾唸經超渡亡靈，特將代書家信裝訂成冊附家譜傳其義行於永遠。命題爲「家書值萬金」。

93世孫鄭擎亞於 西元二〇一一年六月五日整理

註：燒木材的卡車、燒木材鍋爐蒸氣推動、爬筠門嶺，為充氣而停，救了我的命。

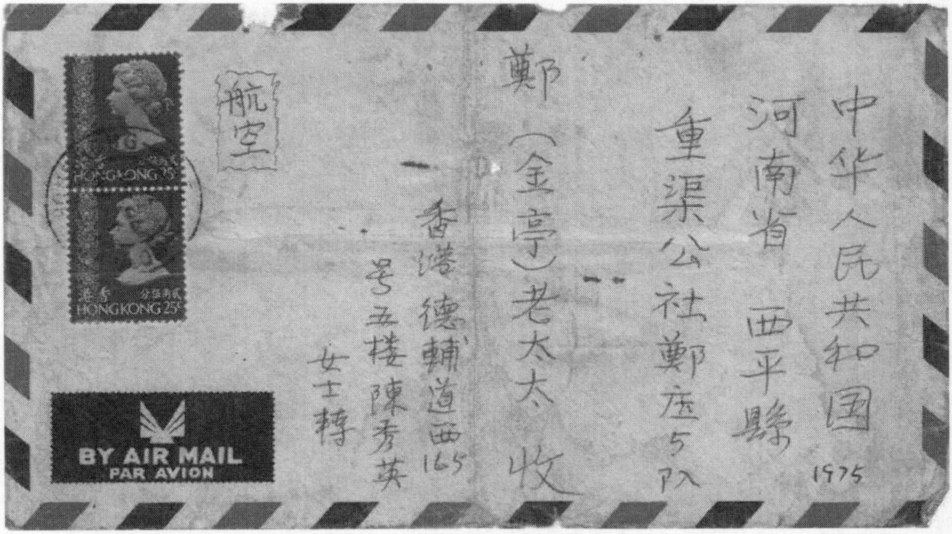
中华人民共和国
河南省 西平縣
重渠公社鄭庄5队
鄭（金亭）老太太收
香港德輔道西165号五樓陳秀英女士轉
航空
1975
HONG KONG 25¢
BY AIR MAIL
PAR AVION

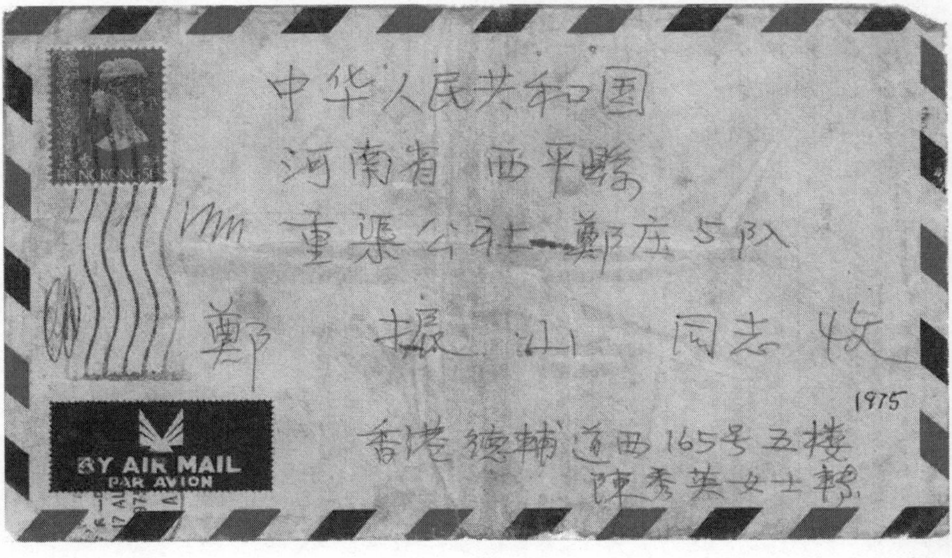
中华人民共和国
河南省 西平縣
重渠公社鄭庄5队
鄭 振山 同志收
1975
香港德輔道西165号五樓
陳秀英女士轉
BY AIR MAIL
PAR AVION

中國大陸開放前與家鄉通信匯款記錄表 2004.2.23補整

次數	時日	地點	代匯人	幣別 美金	港幣	人民幣	備考
1	1974.11.10	香港	陳達信				信一封，距離家25年
2	1975.2.1	〃	〃				信和照片一張
3	1975.3.21	〃	〃		500	146.75	
4	1975.8.17	〃	〃		500	146.75	
5、	1979.10.12、						母親去世 ✓
6、	1980.11.10	香港	陳達信				未寄錢
7、	1980.12.3	〃	〃		500	146.75	
8	1981.6.6	〃	陳秀英				未寄錢
9	1981.11.5	〃	〃		500	146.75	
10	1982.12.6	〃	〃		1000	297.3	
11	1983.8.16	〃	〃		1500	445.9	
12	1984.10.30	〃	〃	150	1170	391.7	
13	1986.3.14	〃	〃	150	1160	551.7	
	合計			300	6830	2273.6	

註記

一、好友陳達信為中視工程部經理，河北人，成功大學畢業，夫人鄒秀霞女士香港華僑，台北工專畢業，在中資公司工作，陳秀英為陳夫人之朋友，業教師，代匯錢，終生銘謝不忘友情。

二、未開放前與大陸通信是一種冒險行為，且當時待遇菲薄，能寄些錢表示對母盡些孝道，知母在心中至慰也。

三、1979年母逝，兩兄並未告知，因告知不再寄錢回去了，噫這麼多錢寄回未能發揮大的作用致富，誠遺憾也。

民国63年至民国77年=14年
5330港幣

1974
民国63年
母.民国76年去世13年

爸爸
媽媽：

根兒離開家鄉，已經二十多年了，一人在外東奔西跑，倒也平安，在十多年前和一南方小姐結婚，現已生育子女三人，都在學校讀書，生活情形很好，請勿惦念。

時常關心的是家鄉的生活情形，以及双親的身体健康，收到這封信之後，希望能早日見到回音。

恭祝

安康

兒 振華 上
1974.11.10.

回信可寫
香港 西區高街45陞大樓
二座四樓 轉交
鄭 振 華 收

爸爸　　1975
媽媽：74年12月间，前後四封信，都收到了，有爸爸写来的，媽媽写来的，二弟，三弟写来的，妹夫写来的。根兒看了以後非常高兴，暗地裡也流下不少眼淚，知道二老身体健康，生活过的很好，心中也得到不少安慰。並感谢全村人对兒的関怀。

隨信寄上最近和媳婦、孫女、孫兒的照片一張，老大今年12岁，老二10岁，根兒在四十岁前两年突然胖了很多。上次信上可能写錯了一個字，因為只有兩個小孩，不是三個，由於在外面東奔西跑，小孩多了不方便，所以在老二出生後，媳婦就没有再生產了。

原先替轉信的朋友已经離開香港，下次来信，可寄：香港德輔道西165号五樓
陳秀英女士轉交

祝
健康快樂
並问候弟妹们好
根兒給大人拜年
恭喜發財

不孝男
振華上
1975.2.1.

母親大人尊前敬稟者，萬福金安：

1975

不孝兒將母親和弟々、妹婿的來信讀後，內心中又是高興又是慚愧，高興的是母親在堂，身体健康，生活快乐，慚愧的是我这个做長子的，沒有孝順奉养大人，而讓二位幼小的弟々供养双親，離家乡之日起，由於在海外賺錢的不易，和生活的不安定，所以一直沒寫信回家，五年前，總算老天爺有眼，保佑兒生意賺了钱，生活轉好，也安定下來了，想起在外奔波的日子中，家裡全賴廣東籍的媳婦，吃苦耐劳，勤儉持家，将大人的二位孫兒女养大，平日兩姐弟都非常乖，讀書也很好，他兩雖然沒有見过奶々，但过年時總吵着要向大人拜年，请大人放心，兒会以咱们家的忠厚二字教他们的。

由信中知道二妹婿在城中做事，很有点成就，希望他能多多幫助兩位弟々孝順照顧母親，乐享天年，嫁到大張庄保善的大姐，已是兒孫滿堂，真是可賀，三弟振山已生一女，二弟振國及玉蘭是否有孩子請告知，大張庄姑父母，南院的嬸々（進財的嫂々平日最喜欢我的）都好嗎？並隨信另外奉上港幣伍佰元（能兑換多少，此刻还不知道）請母親留在身邊，作平日零用，以表兒的一点孝心，並為弟々的女兒買些糖果吃。

前天收到母親三月三日的來信，照片兩張也收到了，知道父親去世的消息，的確很傷心，忍着一切，勉強的寫完上面兩段，本來不想提的，但是恩不佳、没有给父亲尽孝、也没送终、心中怎么能安呢？

看到母亲的照片，知道母亲的身体的确很好，希望多多保重。汇款收到后，请来信告之。

最后请代向全村的叔々伯々们问好。

敬祝

健康快乐

不孝儿 根卯

1995.3.21.

恩友陳連信河北趙縣人，成大電機系中國電視台工程部經理。

三弟：　　　　　　　　　　　　1975

你前後的來信和照片（共三張，兩張是合照，一張是咱娘的單人照）都收到了，請勿掛念，在照片上可以看出，咱娘的身体很好，精神也好，我和你嫂嫂都很高兴。

恭喜你又添一男孩，咱娘起的名字很好，叫慧民，既有意义又順口，做大伯父的很慚愧，一时也想不出更好的名字，他的堂哥和堂姊，我起的名字叫中平和玉芳，當时只为易记，好写，没有什么意义。

從來信知道家中生活很好，今年麦又豐收，家家户户有吃有穿，有余粮，比以前大哥在家时的生活，真是改善太多了，这都是祖國進步的成果，实令人高兴。

为了補償二十多年来对咱双親的不孝，今再汇回港幣五百元，收到後，請替咱娘买些喜欢吃的東西，也给慧民买件新衣服。我這裡因为在港的生意不好做，賺錢也不容易，现在决定在下月中旬（九月十五日）到南美去另谋發展，等大哥略有積蓄之後，一定会尽快回去侍奉咱娘的，在這段时期内，仍望你和二弟多多费神照顾咱娘，做大哥的将感激不尽。

汇款收到後，可照现地址来一信告知，以後来信等大哥的新住址確定後再說。祝

全家安好

愚兄 振华
1975.8.17.

1980

鄭振三先生：

現受鄭根先生委托寫這封信給你。鄭根現居南非，他一家生活得很好，請你們不用掛念。他很想知道你們及母親的近況。現藉朋友來港探親之便，請你快來信告知，並寫下你們想買些什麼東西，他托那朋友在香港郵寄給你。見信後，請快來信吧。因為那位朋友在本月底就回南非去了。

我已於去年初遷居了，現在的地址是：

"香港皇后大道西248至254号五樓A座"

好了，祝你們好！

陳秀英 1980-11-10

註：香港人，小學老師。

六、柏城「念慈助學基金會」章程

西元一九九九年元月一日訂
會址：河南省西平縣東大街58號

第一條：本助學基金會之設立，爲紀念先慈母蘇氏文，生養教育子女之恩惠，鼓勵家族及親友子女，就讀大專學校爲目的，特訂定本章程。

第二條：助學對象，以公私大學及中專——農業、理工、醫護、經貿科系爲優先。

第三條：助學人數，暫定每年大學及中專各三名，金額大學一千八百元、中專一千元、共八千四百元。

第四條：助學金來源，由縣城東大街58號樓租金支付，不足由會長捐獻之，有餘存銀行生息。

第五條：申請助學金應合於左列規定：

一、品德考核在甲等80分以上。

二、學期年成績平均在80分以上。

三、剛考取者，以入學成績評比之。

第六條：申請助學金，由家長簽章，並附學業成績單。

第七條：申請時間，每年春節前，清明節領發之。

第八條：每年由基金會聘請縣中德高望重人士評審之。

第九條：助學期程十年，自西元二〇〇〇年起實施。

第十條：實施情形良好，增加名額、回饋鄉里。

第十一條：呈請縣府列爲公益團體、依法免稅。

第十二條：未盡事宜，另以辦法修訂之。

會　　長：鄭擎亞　　副 會 長：許瑞娟

執 行 長：鄭振國　　副執行長：鄭振山

秘書主任：王豐慶　　秘　　書：王二英

西平縣重渠鄉善堂助學金獎助名冊　2004年元月4日整理

姓名	籍貫	就讀學校	獎助時間	獎助金額	推荐人	備註
鄭中凱	重渠鄭𡊨	河南師大 美術系	1997 2003	14500	鄭振國	含振山轉給 2000元
鄭中原	〃	教育學院 國文專科	1999 2004	8500	鄭振山	結婚2000 生子600
鄭中民	〃	鄭州电子中專	1999 2003	6000	〃	
李艳（女）	重渠馮寨	鄭州大學 机械工程	2000	1800	陸敬華 校長	
李勇	〃	西安大學 土木工程	2002	500	〃	
鄭立元	重渠鄭𡊨	海南大學 电子信息	2000	1800	〃	祖父鄭守義 父鄭德山
陳鵬飛	重渠馮寨	河南專科 紡織工程	2000	1000	〃	祖父陳敕贊 父陳忠孝
王威（女）	柏城鎮	西平師範 幼保科	2001	1000	王豐慶	
（女）	洛陽	親考科專	2002	1000	〃	
趙春強	周口鎮	洛陽師範 學院	2001 ｜ 2003	2500	鄭秀蓮	
朱丹	重渠朱𡊨		2003	10000	王二英 母	父朱銀堂
合計				50200		
泥記	一、鄭勝峰、二、鄭進財孫河南师大環保等為了人貸款自立建。二、現國家之獎學金、反助学貸款乃是好扶法農民的好政府。					

編後記

鄭氏家譜與漂泊人生記事，能成書致送，特別感謝吾愛妻許瑞娟女士，我倆於西元一九六一（民國五十年）十月八日結婚，迄今將滿五十寒暑，余因服務軍旅長達四十年半，奔波於台灣本外島之戍守，在待遇菲薄窮苦邊緣下，持家和教育子女，男中一（醫師）、女玉雪（藥師），成爲社會有用之人，模範里鄰、互爲尊重和諧、恬無後顧之憂，尤其在我西元二〇〇九（民國九十八年）十二月二十九日晨，摩托車車禍左小腿骨折，由新店慈濟分院骨科主任黃盟仁兩次手術治療痊癒。治療中，家居舊公寓四樓、吾妻生活照顧倍極辛勞，及憂慮引起自律神經失調、西醫難能解決失眠問題下，真是痛苦不堪，有幸喜遇新店市長庚中醫診所，謝福德醫師，以柴胡龍骨牡蠣湯與歸脾湯加減投治，精神安定下來後，繼以煎劑加減細心調養身心，恢復了睡眠與健康，特加紀錄感謝「醫術精湛、藥到回春」。幸甚！幸甚！

另感謝國防部同仁好友崔玉德先生，知我車禍之次日、至新店慈濟分院慰問、協助料理諸事，又在病床草擬本書時清稿、打字、編目、校對，乃能成書，功不可沒，又時駕臨寒舍談天解悶，時逢其喬遷新居，百忙中的隆情厚誼，實在是忠誠好友難忘，特於此編後記中表示感謝之忱。

鄭氏家譜初稿，乃個人細讀史料的小小痕跡心得，持不揣文筆簡陋、引文略陳，期望後來鄭氏知識份子，藉此引入更細緻廣大修正。95世孫「宇宏」，聰慧喜讀書，移民新西蘭、將傳真鄭氏系統圖背誦如流，寄望他能譯成英文家譜，在海外發行傳遠，發揚祖德、祖榮，孝道。並寄望孫女羽淞、羽珊助之，在此一併感謝！

付印前一日、中一兒收到中原侄由上海寄來的有關家譜修正意見、十分難得，除立即修正外，尚有增繼編之必要，特在此記之。

又陸官校學長田鴻雁協助校對錯別字列勘誤表掛號信告知增印時修正，內心由衷的謝感！

鄭氏家譜共印兩百本，印刷費用，悉由作者自付，凡鄭姓同宗信索即寄，台灣新北市新店區德正街十九巷四號四樓。鄭擎亞收。郵編二三一四六。

參考文獻

1.中華通史：著作者——陳致平教授——一九八〇年出版。
2.古文觀止：左傳有關鄭姓者——二〇〇三年智揚出版。
3.西平縣誌：民國二十三年版、陳銘鑑總纂。
4.西平縣誌：一九八九年出版、編輯主任鄭錫云。
5.柏國姓氏尋根：一九九八年、主編張連合。
6.國語大辭典：一九八五年——大衆書局。
7.尋根與取名：一九九八年——王大良。王豐慶贈書。
8.台灣百家姓考：一九七三年、編者彭桂芳。
9.台灣姓氏源由：一九九四年、陳瑞隆編。
10.河南省地圖冊：一九九六年、主編李建麗。

11. 帶你遊西安：一九九六年、蔣紀新等編著。
12. 中華人民共和國地圖：二〇〇一年、人民交通出版社。
13. 河南省通用地圖：一九九六年、地質出版社。
14. 養心集：印贈人李昱儒。
15. 捻軍的運動戰：一九七六年陸軍總部印發。
16. 中國近代史：一九七七年三民書局李守孔著。
17. 西平縣地圖。
18. 王陽明傳習綠（附大學問）一九七八年黎明書局。